KB066450

나는 책 쓰기로
월 천만 원 번다

나는 책 쓰기로 월 천만 원 번다

초판 1쇄 2024년 03월 19일
지은이 문수빈 | **펴낸이** 송영화 | **펴낸곳** 굿웰스북스 | **총괄** 임종익
등록 제 2020-000123호 | **주소** 서울시 마포구 양화로 133 서교타워 711호
전화 02) 322-7803 | **팩스** 02) 6007-1845 | **이메일** gwbooks@hanmail.net
문수빈, 굿웰스북스 2024, *Printed in Korea.*
ISBN 979-11-7099-033-8 03190 | **값** 18,500원

무스펙 신용불량자가 몸값 100배로 올린 비법

나는 책 쓰기로
월 천만 원 번다

문수빈 지음

굿웰스북스

나는 내 마음이 시키는 대로 한다

나는 내 마음이 시키는 대로 한다.

나는 남편을 3번 만나고 한 달 만에 결혼했다. 엄마는 결혼을 반대했었다. 미래를 볼 줄 아는 엄마는 내 결혼식이 끝나고 마산 문화원 돌담에 앉아 얼마나 울었는지 모른다. 그런 엄마의 모습이 아직도 생생히 떠오른다.

IMF 경제공황으로 은행이 어려워지자 노조위원장이 시외에 근무하고 있는 나에게 찾아왔다. 10년 이상 근속자는 은행을 위해 명예퇴직을 해달라고 독려를 했다. 그날 나는 은행을 위해 1억 원을 받고 사직서를 써주었다. 남편에게는 물어보지 않았다. 15년 동안 나를 먹여 살려준 고마운 직장이었기에 당연히 퇴사해야 한다고 생각했다. 입사 동기 27명 중 친구 정원이 만 은행에 남았다. 지금은 본점에 상무로 근무하고 있다. 그때 당시 나는 대리 시험을 친 상태였다.

이혼을 먼저 했다면 나는 딸을 키우기 위해 은행을 퇴사하지 않았을 것이다. 결혼생활 8년 동안 우리는 부부싸움 한번 한 적이 없다. "살고 싶은 사람이 있다."라며 이혼을 요구했다. 그래서 이혼 도장을 찍어 주었다. 이혼하는 날 남편에게 장미 100송이로 만든 꽃바구니를 학교로 선물했다. 나와 8년을 살아준 고마운 사람이라고 생각했다.

이혼한 날 딸과 세 명이 서 맛있는 회를 먹었다. 노래방에 가서 나훈아의 〈사랑〉 노래도 불렀다. 이혼한 날 노래방에 가서 노래를 부른 부부는 우리밖에 없을 것이다. 남편은 25년 동안 우리를 단 한 번도 찾지 않았다.

딸이 결혼하고, 나도 이혼한 지 25년 만에 결혼을 하고 싶다는 생각을 처음 했다. 결혼도 26세가 되어

"26세에 결혼하지 않으면 죽는다!"

이런 각오로 '결혼을 해야겠다'는 생각이 갑자기 들어 결혼을 결심하고, 문향 꽃꽂이학원 박민자 선생님의 소개로 결혼을 했다. 결혼생활은 8년밖에 하지 못했다. 나는 결심하면 행동력이 빨라 가끔 기다림의 시간

을 인내하지 못해, 여러 번 인생 실패를 맛보았다. 이혼하고 10년이 흐른 뒤 문 향 꽃꽂이학원을 찾아가 선생님을 뵙고 왔다. 그 뒤 60세가 채 되기도 전에 이 세상을 떠났다. 나를 결혼하게 해준 선생님은, 정작 자신은 결혼의 달콤한 인생을 경험해 보지 못하고 하늘로 떠나셨다.

58년을 살면서 할 수 있었는데 하면서 후회한 것은 무엇일까? 거의 없다고 생각한다. 엄마의 만류에도 나는 내가 하고 싶은 결혼을 했었다. 그래서 후회는 없다.

해야 했는데 생각하면서 후회하는 것은 무엇일까? 내가 생각하는 것은, 미국에서 한번 살아보는 것이다. 미국에 이민하였던 사람들은 미국 생활이 힘들고, 무시당하며 사는 삶이 힘들다고 한다. 여러 나라를 여행하고 온 지인들도 한결같이 말한다. "한국만큼 살기 좋고, 의료보험제도가 좋은 나라는 없다. 노인복지가 최상인 우리나라가 제일 살기 좋다."고 말한다. 많은 혜택을 주는 우리나라가 천국이다.

그래도 나는 여생은 미국에서 한번 살아보고 싶다. 영어도 할 줄 모르지만, 그곳에 발을 디디고 살고 싶다. 내 마음이 그렇게 하라고 말한다. 그것이 나의 마지막 꿈이자, 소망이다. 딸과 8남매 가족들과 세계 일주를 하는 것도 내 마지막 버킷리스트다.

가족들에게 말하면 "고생을 사서 한다."라고 말한다. 내년이면 60세, 더 늦출 시간도 없다. 시간이 더 흐르면 나태해져서 도전하는 정신은 온데간데없고 현실에 안주하며 살아가게 될 것이다. 더 늦기 전에 "2024년에 결혼하지 않으면 나는 미국으로 떠나리라." 결단했다.

엄마의 죽음과 문창근의 죽음을 지켜보면서 나 자신에게 묻는다.

"넌 내일 당장 죽는다면 오늘 뭘 하고 싶니?"

"결혼! 그리고 미국 뉴욕 가는 비행기표를 끊어 당장 신혼여행을 떠날 거야!"라고 대답할 것이다.

부족한 저의 책 『나는 책 쓰기로 월 천만 원 번다』를 출간해주신 임종익 총괄본부장님과 이다경 편집장님, 책 출간에 도움을 주신 굿웰스북스 임직원분들께 무한한 감사의 인사를 올립니다.

굿웰스북스의 무궁한 발전을 염원합니다.

2024년 3월 매화꽃 피는 봄에
문수빈 드림

목차

성공하고 싶다면 당장 이것부터 시작하라

평범한 사람이 빨리 부자 되는 법

결단하라! 이루지 못할 꿈은 없다

5장

한 번뿐인 내 인생, 내 마음이 시키는 대로 살자

1장

성공하고 싶다면
이것부터 시작하라

01

내 마음이 시키는 대로 했을 뿐인데!

"성공한 사람이 될 수 있는데 왜 평범한 이에 머무르려 하는가?"

_ 베르톨트 브레히트

나는 불행을 딛고 인생을 바꾸었다

중학교 3학년이 되던 해, 고등학교 입시라는 관문에서 내 삶의 긴장도가 인생 최대로 커졌다. 귀에는 시도 때도 없이 윙–거리는 소리가 났다. 긴장을 풀어보려 무척 애를 썼다. 숨을 들이마시고 다시 내뱉기를 수도 없이 했었다. 나는 긴장을 떨쳐 내는 방법이 고작 숨을 들이마시고, 다시 내뱉는 것밖에는 없다고 생각했다. 이 싸움은 나와의 싸움이지 누가 해결해 줄 수 있는 것이 아니었다.

그 와중에 특이한 일이 일어났다. 이것은 내 인생에 엄청난 파장을 일으켰다. 상상할 수도 없는, 말로 표현이 안 되는 상황이 벌어졌다. 어느 날 국사 시험을 보았다. 그런데 반에서 혼자 만점이 나왔다. 갑자기 암기가 술술 되는 것이 아닌가? 시험을 치는 중간 쉬는 시간 10분 정도에 들여다봤던 책 내용을 다 암기할 정도였다. 내 뇌가 어떻게 된 것일까? 이상한 현상이었다.

이 현상은 고등학교 3년 동안 지속되었다. 고등학교를 졸업하고 은행 15년을 다니는 동안에도 그 현상은 사라지지 않았다. 업무연수에서 남녀 총 직원 2,000명 중 1등을 하여 입행 동기 27명 중에 1개월이나 빠르게 승진했다.

고등학교를 들어갈 무렵 오빠의 사업 실패로 가난한 집안에 엄마의 허리가 휠 만큼 가세가 기울었다. 그래서 나와 내 밑의 여동생까지 야간 고등학교에 다녀야 했다. 지금 생각해 보면 오빠의 사업 실패가 내 운명을 바꾸었다고 생각한다.

남들은 말한다. "실패가 내 인생을 망쳤다."라고. 하지만 나는 다르다. 오빠의 사업 실패로 내 인생에도 불행이 찾아온 것 같았지만, 나는 지금 59세의 나이에 작가가 되어 인생을 바꾸었다. 책 쓰기 코치와 1인 창업 코치로 젊은이들의 인생을 바꿔주고 있다.

3년간 멈추지 않았던 기도, 그리고 노력

마산여상 야간 고등학교 입학시험에서 나는 탈락했다고 생각했다. 학업을 포기하려 했었다. 그런데 저녁 늦게 중학교 3학년 담임선생님이 전화를 주셔서 합격했다는 사실을 알았다. 다음 날 입학금을 입금했다. 담임선생님이 아니었다면 확인도 해 보지 않고 나는 공장에서 일하는 사람이 되었을 것이다. 가정형편이 어려워 고등학교를 보내지 못하는 상황이라 오히려 엄마는 다행이라고 생각하셨을 것이다.

야간 고등학교에 다니면서 처음 입사한 곳은 마산수출자유지역 옆 작은 소기업이었다. 작업을 하던 중 본드 냄새 때문에 두통이 심해 한 달 뒤 퇴사했다. 그 뒤 진해 속천에 있는 큰 배를 만드는 진해 조선소에 급사로 취업했다. 지금은 돌아가신 최창무 사장님을 3년 동안 모실 수 있었다. 내가 하는 일은 사무실 청소와 100명이 넘는 직원들의 출근 부을 정리하는 것이었다. 배를 만드는 데 필요한 부품인 볼트와 너트의 입출고를 정리하고, 배 도면을 복사하여 예쁘게 사각으로 접는 일을 했다.

3년 동안 사장님이 부산에서 출근하시면 라면에 달걀을 얹어 맛있게 끓여드렸다. 지금 생각하면, 아침에 따뜻한 밥과 된장찌개나 김치찌개를 끓여드리지 못한 것이 후회스럽다.

고등학교를 입학할 당시 전교 등수는 74등이었다. 그래도 성적이 좋아 고등학교 1학년 담임 정중규 선생님께서 '서기'라는 직책을 맡겨주셨다. 그 직책은 내 인생에 엄청난 영향을 미쳤다. 영어와 수학 과목 성적이 밑바닥을 기어 다니는 점수라 영어와 수학 시간이 돌아오면 앞좌석에 앉아 있는 친구의 등짝으로 내 얼굴을 가리기에 급급했다. 혹시라도 그날 내 번호 날짜면 숨도 쉬지 못할 지경이었다. 중학교 때에는 반에서 18등을 면치 못하던 내가 고등학생이 되어 반에서 3등을 했다. 고등학교 1학년 첫 시험에 수학 만점, 영어 86점을 맞았다.

학교를 입학하기 전 춘계 방학이 있다. 근 한 달 동안 쉴 수 있는데 그때 영어와 수학 공부를 책 내용 자체를 달달 외웠다. 그래서 첫 시험을 내 인생 처음으로 수학 만점, 영어 86점을 맞는 기염을 토했다. 상상할 수 없는 점수였다.

고등학교 3년 동안 진해 조선소 일을 마치고, 진해에서 마산 가는 36번 버스 속 1시간과 학교 수업을 마치고 밤 11시 마산에서 진해 가는 버스 속 1시간, 하루 2시간을 공부하는 시간으로 보냈다. 일하며 공부하는 학생이라 이 시간이 아니면 공부할 시간이 없었다. 철이 들었는지 그 생각을 하며 3년을 보냈다. 일요일에는 새벽 6시에 일어나 진해 탑 산 밑 도서관에서 제일 먼저 문을 열고 들어가 공부를 하고, 밤 10시 제일 마지막에 문을 닫고 집으로 돌아왔다. 중간에 공부를 열심히 했는지는 중요하지 않았다. 내가 그 안에 갇혀 의자에 앉아 있었다는 것에 엄청난 희열을 느꼈다. 단지 내 마음이 시키는 대로 했을 뿐이다.

점심시간이 되면 김밥과 라면을 한 그릇 사 먹고, 도서관 옆 성당에 가서 성모 마리아 님께 두 손 모아 기도를 올렸다. "마리아 님! 가난에서 벗어나게 해주세요! 마리아 님! 은행원이 되게 해주세요!" 그때 철이 없었지만, 가난이 무척 싫었고 치가 떨렸다. 그래서 매주 성모 마리아 님께 기도를 간절히 올렸고, 3년 동안 매일 일기장에 은행원이 되게 해달라고 소망을 적었다.

간절하게 무의식의 힘을 믿어라

결과는 누구도 예측할 수 없었다. 3년 동안 진해 조선소에서 점심시간 1시간 중 30분은 엄마가 싸주신 김치와 밥을 물에 말아 먹고, 남은 30분은 주산 알판을 튕기는 연습으로 시간을 보냈다. 지금은 주산이 필요 없지만, 그때는 주산 2급 자격증이 있어야 은행원이 될 수 있었다. 노력한 결과 주산 2급, 부기 2급, 한글 2급, 영문 2급 타자 자격증을 한국 직업관리공단에서 취득해 3학년 때는 반장으로 전교 7등 장학생으로, 은행 면접에 합격해 15년간 근무하면서 7억 원을 벌 수 있었다. 고등학교 교사와 결혼해 8년 동안 딸을 낳고 행복한 결혼생활을 했다.

아무것도 모르는 고등학교 시절 나는 무의식의 힘을 믿었고, 매일 일기장에 내 꿈을 적고 성모 마리아 님께 기도를 드려 은행원이 될 수 있었다. 누가 시킨 것도, 책을 본 것도 누가 알려준 것도 아니었다. 내 마음이 시키는 대로 했을 뿐인데 소망을 적다 보니 내가 그 해답을 알고 있었다. 종이에 내 꿈을 적으면 반드시 이루어진다는 사실을 내 무의식은 알고 있었다.

종이에 내 꿈을 적어라 그대로 이루어진다

지금도 3년 전 내 인생을 송두리째 바꿔준 스승님의 가르침대로 꿈을 종이에 적고, 입으로 매일 성공 확언을 외쳐 우주에 내 소망을 심고 있다. 스승님을 만나 원고를 완성하고 두 권의 책을 미다스북스와 함께하신 명상완 실장님을 만나 작가가 되었다. TV 출연과 월간지에 등재되었다. 이 모든 기회는 매일 기도하고, 꿈을 종이에 적으며 간절하게 염원했기에 일어난 일이다.

"내 꿈을 종이에 적어라! 그대로 이루어진다!"

책 쓰기로 월 천만 원 버는 문쌤의 성공 비법 노트

종이에 내 꿈을 적어라! 그대로 이루어진다

종이에 내 꿈을 적어라! 그대로 이루어진다는 『김밥 파는 CEO』 저자 4,000억 원
재산가 김승호 회장님과 『파리에서 도시락을 파는 여자』 저자 6,000억 원 재산가
켈리 최 회장님이 성공한 비법이다. 나의 스승님 김태광 대표님 역시 신용불량자
에서 200억 원 재산가가 된 비법이기도 하다. 나 또한 꿈을 일기장에 매일 적고,
매일 기도함으로 모든 것을 이루었다.

02
양쪽 날개를 잃은 절망

"내가 바라는 것은 보다 가벼운 짐이 아니라 보다 건장한 어깨다."

_ 유태인 속담

시련이 나를 키운다

나는 아버지가 싫어서 결혼했다. 8남매 중 딸 다섯 명은 아버지 곁을 떠나기 위해 결혼을 빨리했다. 나 역시도 아버지가 몹시 싫었다. 나를 낳아주시고 키워주신 고마운 아버지지만 곁을 떠나고 싶었다. 8남매는 너무나 고지식한 사람들이다. 틀에서 벗어나는 것을 무척 두려워한다. 하지만 나는 조금 달랐다. 틀에 갇혀 있지만, 틀에서 벗어나려 애를 쓰고, 내 삶과는 확연히 다른 엉뚱한 선택을 해서 인생을 바꾸기도 했다.

중학교 시절 하성이 언니는 골수염이라는 무릎에 고름이 차는 병을 앓 있다. 8남매가 잘 먹지 못했기 때문에 잘 뛰어놀지도 못했다. 놀이라고 는 종이로 딱지를 접어 딱지치기하거나 땅에 줄을 긋고 칸을 만들어 돌 맹이 맞추기, 구슬치기, 옷핀 따먹기 놀이를 하며 유년기를 보냈다. 마산 가포에 있는 병원에 엄마가 작은언니 병문안을 갔다 오면, 집 안에 있는 옷 빨래를 전부 꺼내 방망이질을 하며 울부짖었다.

"내가 무슨 전생에 죄가 커 우리 딸이 이리 아프나! 흑흑흑."

엄마의 절규는 동네를 떠들썩하게 만들었다. 꺽꺽거리며 우는 엄마의 슬픈 고통은 어린 내 가슴에까지 사무쳐 왔다. 엄마는 그때 양쪽 날개를 잃은 새처럼 엄청난 절망을 느꼈다.

아버지는 산청 농부의 아들로 태어나, 부산 광안리에 살고 있던 16 세 엄마 김수희와 외할아버지 지인의 소개로 열 살 많은 아버지와 부부 의 인연을 맺었다. 산청에서 자식들의 공부를 위해 진해로 이사와 8남매 를 낳고 키웠다. 아버지가 하신 일은 자전거와 장롱 등 중고품을 싼 가격 으로 사들여 손질하고, 페인트칠해서 되팔아 8남매를 키우셨다. 아버지 는 다리가 불편하신데도 게으름이라고는 찾아볼 수 없었다. 엄마는 내가 26세가 되어 결혼할 때까지 경화동에 있는 철공소에 쇠 녹을 닦는 일을 하셨다.

엄마는 8남매를 키우기 위해 단 한 번도 쉰 적이 없다. 초, 중, 고등학교에 다닐 때 도시락을 하루에 10개씩 싸는 고충을 우리가 어른이 된 뒤 엄마의 노고를 알 수 있었다. 쇠 도금으로 도시락 속에 쇳물이 온통 밥을 뒤덮고 있었던 적이 많았다. 하지만 8남매는 누구 하나 엄마를 원망하지 않았다. 원망이라는 단어를 8남매는 알지 못했다. 항상 깔깔거리며, 긍정적이고 순박한 아이들이었다.

큰언니 문은주는 새벽 6시에 일어나 7시에 마산 자유수출 내 회사에 출근했다. 엄마는 아침마다 라면을 끓여주셨다. 큰언니처럼 옷을 잘 입는 사람은 본 적이 없다. 봄이 오면 봄이 되어 있는 언니의 아름다운 모습을 잊을 수가 없다. 큰언니의 기억은 아픔이 많다. 아이보리 색 아름다운 원피스를 입고 있는 언니에게 아버지는 고함을 지르며 물 묻은 장화를 던졌던 기억이 생생하다. 왠지 모르지만, 아버지는 큰언니에게는 엄하셨다. 고함도 많이 지르고, 화도 많이 냈지만, 아버지에게 대꾸 한마디 하지 않았다. 하지만 작은언니는 달랐다. 딸들에게 발길질하면 아버지에게 대항했다. 그것은 엄연한 자기방어였다. 나에게는 그렇게 폭력을 휘두르지 않았다. 가끔 학교를 마산까지 가야 하는데 버스비가 없어 곤욕을 치렀다.

아버지의 애환

아버지는 여름이 되면 일을 마치고 와서 등물을 쳐달라고 하신다. 등물이란 한 손으로 등에 물을 붓고, 다른 손으로 때를 문질러 주는 것인데 그것만큼 싫은 것은 없었다. 아버지의 살결을 만진다는 것이 혐오스러웠다. 그래서 매번 씻는 둥 마는 둥 했다.

하지만 아버지를 86세에 하늘나라로 보내드리면서 아버지가 참 불쌍하다는 생각이 들었다. 회사에 다니면서 직장 가까이 원룸에 살아도 되는데 그런 생각을 하는 8남매는 아무도 없었다. 단지 아버지 곁을 떠나야 한다는 생각으로 온통 머릿속이 꽉 차 있었다.

은행을 입사하고 가장 친한 이정미와 송영희 언니를 만났다. 정미는 신마산지점에 있었고 나와 언니는 부림동지점에 근무했다. 은행 일을 마치면 3명이 만나 떡볶이와 라면을 먹고 차를 마시며 행복한 시간 들을 보냈다. 정미가 23세 때 갑자기 선을 보고 문가와 결혼을 했다. 둘째 아이를 낳을 때까지 창원에 사는 친구 아파트에 주말마다 찾아가서 놀았다. 시간이 지날수록 우울증이 찾아왔다. 친한 친구를 잃은 슬픔은 겪어보지 않은 사람은 느끼지 못할 것이다. 그러다 영희 언니까지 결혼을 해버렸다. 30대인 언니는 꼭 결혼해야 할 나이였다. 서울까지 가버렸으니 양쪽 날개를 잃은 절망감뿐이었다.

날개를 잃은 절망

그때부터 우울증은 날 놓아주지 않았다. 그래서 한 달을 병원에 입원해 정신과 치료를 받았다. 지금 기억에 남는 것은 엄마에게 면회 올 때마다 "린스를 사다 주세요."라고 부탁했던 기억이 난다. 병원 안은 살벌했다. 서 있으면 앉고 싶고, 앉아 있으면 눕고 싶어진다. 그래서 한 달이 지난 뒤에는 사람이 기운이 하나도 없고 의욕이 상실된다. 벽장 속에 남녀가 함께 들어가 한 시간 동안 나오지 않는 이상한 일도 생겼다. 병원은 그 사실을 아는지 모르는지? 그들이 벽장 속에서 부른 노래는 〈담다디〉다. 나는 그 노래를 들을 때마다 혐오스러운 그때 그 사람들이 떠오른다.

한 달을 쉬었는데도 내 인생의 첫 번째 멘토 송국헌 감사님은 나를 그대로 비서로 일하게 해주셨다. 정신을 차리고 결혼을 해야겠다고 생각했다. 결혼을 결심하니 6년 동안 다닌 문향 꽃꽂이학원 박민자 원장님이 친구의 시동생을 소개해주셨다. 인생은 아이러니하다. 23세 때 친구 정미가 내게 말했다.

"수빈아! 우리 동네에 금방 신이 내린 사람이 있는데 잘 맞춘대. 한번 가봐!"

내 운명 억만 겁의 인연

그 말을 듣고 다음 날 점심시간에 택시를 타고 점집에 찾아갔다. "선생님 사주네요. 26세 꽃피는 4월에 네 살 차이, 학교 선생을 만나 족두리 쓰고 결혼을 합니다!"라고 말했다. 그날 나는 보살님의 말을 듣고 하늘을 나는 기분이 들었다. "학교 선생님과 결혼을 한다니! 내 인생이 활짝 피는구나!" 그렇게 들뜬 마음으로 집으로 돌아왔다.

3년 뒤 꽃꽂이 선생님의 소개로 남편을 만나 3번 만나고, 한 달 만에 4월 21일 전통 혼례로 마산문화원에서 족두리 쓰고 결혼식을 올렸다. 전통 혼례는 남편의 로망이었다. 그 전날에 창원도청에서 친구들과 웨딩 촬영을 하고 뒤풀이를 했다. 오랜 직장생활 동안 그 점집에 지인들을 소개해주어 지금은 절을 세 채를 보유하고 있다. 8남매 가족들도 직장 인사 이동으로 아파트를 매매 할 때마다 도움을 받아 35년이 지난 지금도 가끔 찾아뵙는다.

남편을 만나고 엄마의 반대에도 불구하고 결혼을 감행했다. 그 결과 8년이라는 짧은 결혼생활을 하고 이혼했다. 엄마를 여의고 아버지 혼자 20년을 밥을 직접 해 드셨다. 1주일에 한 번씩 진해에 사는 큰언니는 소고깃국을 한솥 끓여놓고 오고, 남동생 올케 지영이는 밑반찬을 주말마다 냉장고를 채워놓고 갔다. 아버지는 혼자가 편하다고 하셨다. 너무나 부지런하고 깨끗한 아버지였다.

나의 아버지 문정칙

아버지가 돌아가신 날 싸늘한 아버지의 얼굴을 감싸 안으며 운 것은 그때가 처음이었다. 아버지의 마음을 외면한 미안함 때문이었다.

"아버지! 미안해!"

평생 처음으로 아버지에게 미안하다고 귀에 속삭였다.

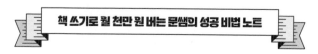

부부의 인연은 하늘이 만들어 준다

부부의 인연은 하늘이 만들어 준다. 나는 이혼한 전 남편으로 인해 인생을 바꾸었다고 생각한다. 이혼의 아픔, 주식투자 실패, 신용불량자, 교통사고 등 내게 닥친 고난은 하나님이 나를 크게 쓰기 위한 시험이었다는 것을 59세가 되어 알게 되었다. 당신이 지금, 목숨을 버릴 만큼 고통스럽다면, 이제 하늘 높이 날아갈 일만 남았다는 것을 명심하라.

03

이제 나도 행복해지고 싶다

🖋

"운명이 겨울철 과일나무 같아 보일 때가 있다. 그 나뭇가지에 꽃이 필 것 같지 않아 보여도, 그렇게 되기를 소망하고 또 그렇게 된다는 것을 알고 있지 않는가."

_ 요한 볼프강 폰 괴테

잘될 거야, 잘될 거야

딸을 결혼시키고 나도 이제 행복해지고 싶다고 생각했다. 그래서 부산 센텀에 있는 결혼 정보회사에 전화를 걸어 회원가입비와 몇 명을 만날 수 있는지 물어보았다. 가입을 한 후 5명을 11월과 12월에 휴가를 내어 만나보았다.

나의 이력은 은행 15년 경력과 작가라는 이력이 다였다. 그런데도 수십

억 원 재산가들이 나를 만나 보겠다고 했다. 결혼 정보회사의 말이지만 소개를 하면서 "좋은 분이 계시니 한번 만나 보세요."라고 했다고 한다. 나는 결혼 정보회사에 귀한 분들을 소개해주어 감사하다는 인사를 했다.

내 수준에 만날 수도 없는 사람들이라고 생각했다. 처음 만나기로 한 사람은 이 씨였다. 만나기 하루 전날 내게 카톡 문자와 전화를 했다. 아침에 약속이 있어 자신이 사는 집 근처 카페에서 만나자고 했다. 시간이 지나 곰곰이 생각해 보니 먼 곳까지 가기 싫어 내게 전화를 한 것이다.

부드러운 목소리로 그의 전화를 받았다. 내가 약속장소로 가겠다고 했다. 전화를 주셔서 감사하다는 말까지 남겼다. 그는 경상도 사람처럼 푸근한 음성을 가진 사람이었다. 카톡에 있는 사진들은 멋쟁이처럼 보였다. 부엌에서 요리하는 그의 모습은 다정한 인상을 내게 남겼다.

단정하게 차려입은 그가 카페를 들어올 때부터 그 사람인지 단번에 알아볼 수 있었다. 아이가 7세 때 아내와 이혼을 하고 30년 동안 혼자 살았다고 했다. 약속한 장소는 소음이 심해 대화가 되지 않는 곳이었다. 그가 내게 했던 말 중에 인상 깊었던 말은 "안경을 안 쓰는 것이 더 예쁩니다. 뒤에는 기장에 가서 맛있는 것을 먹읍시다."라고 말했다. 2시간 동안 내게 관심이 없는 듯 머리를 두리번거렸다.

나는 그가 마음에 들었는지 그동안 살아왔던 이야기를 숨도 쉬지 않고 다 쏟아냈다. 몇 장 가지고 간 내 사진과 딸 결혼식 사진을 보여주었다. 미리 준비한 책 켈리 최 회장님의『파리에서 도시락을 파는 여자』와 김승호 회장님의『사장학 개론』두 권을 선물로 주었다. 내가 수십억 원 재산가들을 두 번 만날 일은 없다고 생각했다.

예상한 대로 나와의 미팅 시간 두 시간을 채우고 1분 거리도 되지 않는 자기 집을 아무런 배웅도 다음 약속도 하지 않은 채 미련 없이 신호 등을 건너갔다. 나는 그날 한복집에 들러 결혼 예복이 얼마가 되는지 물어보며 김칫국을 마셨다.

다음날 피드백으로 들은 말은 "아름다운 분이나 내가 찾는 사람은 아닌 것 같다."라고 답이 돌아왔다. 그는 모태 천주교 신자라고 했다. 천주교 신자들은 성스럽고 신비스러운 존재로 보인다. 나는 불교 쪽이며 요리를 할 줄 모른다고 솔직하게 말했다. 그가 찾는 사람은 천주교인과 요리를 잘하는 사람이라고 했다. 우리는 인연이 되지 못했다.

행복할 권리

두 번째 만남은 잘해보고 싶었다. 첫 번째 만남은 상대방의 말을 들어

보지 않고 내 얘기만 했다. 그래서 생각을 바꾸어 상대방이 질문을 하면 자세히는 말고 맛보기만 보여주고, 2시간 동안 절대 질문을 하지 않기로 했다. 1시간 동안 입이 근질거려 견딜 수가 없을 지경이었다. 말을 많이 하던 사람이 말을 하지 않고 참는다는 것이 이렇게 힘든 일인지 몰랐다.

마음속으로 계속 되뇄다. '질문 하면 안 돼. 묻는 말에만 대답해!' 성격에도 맞지 않는 내숭을 1시간 동안 떨었다. 다행히 그는 1시간 동안 내게 질문을 던져주었다. 할 얘기가 떨어지면 혈액형이 무엇인지까지 물어봐 주었다. 말은 하지 않았지만 엄청나게 답답했을 것이다. 그에게도 준비한 두 권 『파리에서 도시락을 파는 여자』와 『사장학 개론』을 급하게 도망가는 그를 잡고 손에 쥐여 주었다. "연락드리겠습니다."라는 말을 남기고 홀연히 떠나갔다. 내게 돌아온 피드백은 "잘 만나 보겠습니다."라고 했지만 단 한 번도 내게 연락하지 않았다. 단지 '식사하셨어요? 뒤뚱거리며 먹고 자고 휴가를 보내고 있습니다.'라고 처음이자 마지막으로 문자만 왔을 뿐 만남은 이어지지 않았다.

세 번째 만남은 내가 대구로 버스를 타고 갔다. 오후 4시 약속이었지만 양산에서 대구로 가는 버스가 하루 3번만 운행이 되어 오전 10시 30분 차를 타고 대구로 올라갔다. 오후 4시까지는 마음의 여유가 있었다. 노트북을 가지고 가서 책도 쓰고 책도 읽었다. 약속 시간이 다 되어 내게 전화를 했다. 장소를 다시 한번 물어보고, 차가 밀려 3번이나 전화를 해주었다. 한 시간이 지나 약속장소에 왔다. 내가 나이가 12살이 어려 아무런 기대도 하지 않았다고 했다.

보통 키에 보통 체격을 가진 그는 인상이 좋았다. '서당 개 3년이면 풍을 읊는다'고 나도 사람의 관상과 사주에 관심이 많아, 미래를 잘 본다는 사람들에게 사주를 많이 물어봐서 웬만한 관상은 어떻다는 것쯤은 어깨 너머로 알게 되었다. 그는 거리낌 없이 자신이 살아온 이야기와 현재 상황을 말해주었다. 나도 내가 살아온 삶을 들려주었다.

복국집에 가서 저녁을 먹으며 그의 일상을 들여 다 보았다. 사람을 대하는 모습을 봤다. 주인과 자신의 아버지에 관한 이야기를 했다. 묵묵히 듣고만 있었다. 내게 무심코 뱉은 말이 기억에 남는다.

"사람 쉽게 믿으면 안 됩니다."

그날 나의 로망인 벤츠를 타며 두 팔을 벌려 "만세!"를 외쳤다.

"오늘 내 꿈을 이루다니 고맙습니다!"라고 인사를 했다.

"다음에는 문수빈 씨가 직접 운전을 해 보세요."라고 말했다. 나도 모르게 그에게 악수를 청했다. 우리는 서로 관심이 있는 듯 보였다.

억지로 만든 인연

1주일 동안 짧은 통화지만 두 번 전화해 주었고, 나도 그에게 두 번 정도 전화를 했다. 그래도 전화를 받거나 바로 전화를 걸어주었다. 하지만 1분도 되지 않는 짧은 통화는 늘 내게 아쉬움을 남겼다. 1주일이 지나, 낮 12시에 만나 저녁 6시까지 삼계탕도 먹고 〈노량〉 영화도 봤다. 지하철도 같이 타고 이상화 시인이 살았던 집도 가보고 차도 마셨다. 하지만 그는 첫 번째 만남만큼 내게 관심을 보이지 않았다. 12월 31일 나의 데이트 신청을 거절했다. 긴 장문의 문자를 보내왔다.

"건강하시고 행복하시길 바랍니다."

그의 마지막 문자를 받고 양산으로 돌아오는 지하철 안에서 이유 없이 눈물이 쏟아졌다. 별 욕심 없는데 가끔 통화하고 만나서 밥 먹고, 여행도 가고 그게 내 바람인데 그는 내게 관심이 없었다. 25일 크리스마스에는 우울한 마음에 오후 6시까지 잠을 잤다. 궁금해서 눈을 뜨자마자 카톡을 열어보았다. 크리스마스트리 엽서가 와있었다. 31일엔 좋은 일이라도 한

번 일어나기를 기대했는데 그냥 지나갔다. 만난 지 10일이 지나도 전화는 오지 않았다.

억지로 인연을 만들 수는 없다. 사람 마음을 내가 어찌할 수 없다. 인연이 아니기에 만남은 이루어지지 않았다. 하지만 이제 나도 행복해지고 싶다.

 책 쓰기로 월 천만 원 버는 문쌤의 성공 비법 노트

두 번째 결혼하고 싶다

나도 이혼한 지 25년 만에 두 번째 결혼하고 싶다. 나도 행복할 권리가 있다. 가족들에게 말했다. "나도 이제 결혼하고 싶다."라고. 하지만 7남매 중 누구 하나 나의 결혼을 응원하는 사람은 없다. 요리도 못하고, 기본도 안 되어 있는 내가 "어처구니가 없다."라고 한다. 하지만 나는 생각이 다르다. "단, 3일을 행복하게 살더라도 나를 사랑하고 아껴주는 사람과 된장찌개를 끓여 먹으며, 함께 아름다운 여수 밤바다를 구경하고 오고 싶다." 나도 이제 행복할 권리가 있는 사람이다.

04
나를 작가로 만들어 준 사랑의 고통

"행복은 내 몸에 몇 방울 떨어뜨려 주어야만 남에게 묻혀 줄 수 있는 향수 같은 것."

_ 랄프 왈도 에머슨

나를 키우는 다짐

짝사랑의 고통은 초등학교 6학년 때부터 시작되었다. 초등학교 5학년 시절 가끔 남학생 짝지와 무릎이 부딪쳐 이상한 감정을 느끼곤 했다. 하지만 우리는 서로 아무 말도 하지 않았다. 짝지는 잘생기고 이름도 예쁜 남자아이였다. 초등학교 6학년 때 가슴앓이를 시작한 영수는 공부도 잘하고 내 눈에는 잘생긴 남학생이었다. 진해 대야동 길을 혼자 걸어가는 그의 모습을 보면서 가슴이 설레곤 했다. 초등학교를 졸업할 때까지 그를 좋아한다고 고백하지 못했다.

중학생이 되어 친한 초등학교 친구 성재아와 우연히 중앙초등학교에서 두 남학생을 만나게 되었다. 키가 크고 잘생긴 재호와 키가 작고 귀여운 영인이라는 남학생을 만났다. 두 학생 모두 재아 만 좋아했다. 아무런 볼품도 없고 깡마른 나에게 관심이 있는 사람은 없었다. 피부가 백옥처럼 하얗고, 키가 크고 예쁜 재아 에게만 관심이 있었다. 훗날 영인이가 대학생이 되어 길에서 보라색 목도리를 하고 지나가는 것을 보고 혼자 반가웠다.

짝사랑의 절정은 중3 때 일어났다. 초등학교 친구 순옥의 남자친구인 철수를 만나게 되었다. 그날 순옥이와 함께 3명이 탁구를 했다. 얼마 후 둘은 헤어지게 되었고, 우연히 철수를 만나게 되었다. 약속도 이상하게 했다.

짝사랑, 나를 작가로 만들어 준 고통

"비 오는 날 오후 3시에 공중전화부스에서 만나자."

나는 비 오는 날만 기다렸다. 하지만 하늘이 내 마음을 모르는지 한 달이 지나 비가 내렸다. 치마를 다림질해서 입고 공중전화부스에서 기다리고 있었다. 조금 후 키가 큰 그가 저 멀리서 뚜벅뚜벅 걸어오고 있었다.

우리는 손도 한번 잡지 않고 대야동 철길을 말없이 걸었다.

그날을 시작으로 고등학교 3년 동안 엄청난 감정의 소용돌이 속에서 살았다. 오직 그만을 생각하며 그의 틀 안에 갇혀 빠져나오지 못했다. 야간 고등학생의 고단함을 짝사랑의 고통으로 이겨냈다. 백장미 제과점 앞 사거리에서 여학생과 데이트를 하는 그를 보면서, 학교 가는 길 버스 속에서 그를 보면서 얼마나 심한 통증을 느꼈는지 모른다.

세월이 지나 고등학교를 졸업하고 은행원이 되어 따스한 봄날, 하늘거리는 하얀 원피스를 입고 출근하는 내 모습을 보고 그가 우리 집에 전화했다.

"부림동지점 문수빈입니다!" "나야! 철수! 출근하는 너를 봤어."

그게 우리의 처음이자 마지막 통화였다. 그 중요한 순간에 부림동지점 문수빈이라니? 기가 찰 노릇이다. 그를 그리워하며 그가 사는 아파트 옆 공원에 아침 8시에 올라가 오후 11시에 내려왔다. 눈물을 흘리며 A.J. 크로닌 『천국의 열쇠』를 읽었던 기억이 난다. 그 책은 아직도 내 책상 앞에 꽂혀있다. 나를 작가로 만들어 준, 사랑의 고통이 고스란히 담긴 책이기 때문이다.

비 오는 날에는 그가 더 그리웠다. 별다른 기억도 추억도 없지만, 그가 보고 싶었다. 그의 수학책에 내 이름이 적혀있던 기억, 그와 걸었던 철길 그 정도뿐이었다. 억수같이 비가 쏟아지는 날 감정을 주체하지 못해 공중전화비가 30원일 때 500원을 10원 동전으로 바꿔 그가 사는 아파트 주소에 그의 집일 것 같은 전화번호를 돌려 "철수 집입니까?"를 수도 없이 물어보았다. 지금은 진해에서 낚시점을 운영하고 있다. 초등학교 밴드에 그의 모습을 볼 수 있다. 그로 인해 힘든 고등학교 시절을 잘 견딜 수 있어서 그에게 감사하는 마음을 가지고 있다. 16세 때 겪었던 짝사랑의 고통이 59세가 된 지금도 고스란히 느껴진다.

사람에게는 저마다 운명이 있다

나의 운명 고휘찬을 만난 것은 고등학교 3학년 졸업을 앞두고 5명의 친구와 부산 태종대에 놀러 갔다가 진해 탑산에서 우연히 만나게 되었다. 잘생긴 외모에 필체가 명필이었다. 나는 사람을 볼 때 그 사람의 손가락과 필체를 본다. 그는 필체가 뛰어나고 아름다운 내용을 담은 편지를 자주 집으로 보내 주었다. 고등학교를 졸업하고 은행원이 되었지만, 그는 아직 취업하지 못한 상태였다. 경화동에 있는 주유소에 기름을 넣는 아르바이트생이었다. 그를 만나면 하늘을 나는 기분이 들었다. 그가 좋고 그도 나를 사랑했다. 가끔 집으로 오는 편지는 나에게 감동을 주었다. 하지만 그는 10남매, 나는 8남매 너무도 가난한 형편이었기에 그를 주유소에 남겨두고 철길을 걸으며 결심했었다. 집에 돌아와 이불을 뒤집어쓰고 울부짖으며 그와의 인연을 잔인하게 끊어냈다. 그래도 살아생전 엄마가 그에게 밥 한번 차려주신 것이 그나마 다행이라는 생각이 들었다.

그와 헤어진 뒤 3년이 지나 은행 비서실에 근무할 때 친구 정미가 진해 우리 집에 놀러 온 적이 있었다. 찻집에서 그가 계단을 내려오는 것을 보았다. 인연은 어쩔 수 없듯이 그를 한눈에 알아봤다. 친구를 보내고 그에게 전화를 걸어 만나자고 했다. 그날 그는 양복주머니에서 내가 보냈던 편지를 꺼내 보여주었다. 군 생활 2년 동안 단 하루도 나를 잊은 적이 없다고 했다. 그 뒤 일요일에 출근해서 사무실에 꽃꽂이하는 날에는 본점 은행 앞 커피숍에서 오랜 시간 나를 기다려 주기도 했다.

나는 끝내 그를 선택하지 않고 선을 보고 고등학교 교사와 결혼했다. 결혼 후 우연한 기회에 그를 만났지만 내게 아무런 질문도, 원망도 하지 않았다. 지금은 결혼해서 두 아들을 둔 H기업 지점장이 되었다. 가끔 페이스북을 통해 그의 얼굴을 훔쳐보기도 했다.

평생 처음으로 짝사랑이 아닌 내 인생의 운명을 만났지만, 가난이 싫어 그를 선택하지 않았다. 사람은 남의 가슴을 아프게 하면 되돌려 받는

다는 삶의 이치를 그를 통해 알게 되었다.

"당신이 싫어서가 아니라 살아보고 싶은 여자가 있다."라며 이혼을 요구한 남편에게 합의이혼을 해주었다. 우리는 이혼할 당시 부부싸움 한번해 본 적이 없다. 시골의 많은 농사를 시부모님과 함께 일했고, 갓 태어난 딸을 5년 동안 시골에서 시부모님이 키워주셨다. 매주 일요일은 시댁에서 시간을 보냈기에 싸울 시간도, 싸울 이유도 우리에겐 없었다. 남편은 새벽 6시에 일어나 시외까지 출퇴근하고, 나 역시 아침 7시에 출근해서 밤 9시에 퇴근해 결혼생활 8년 동안 우리 부부가 같이 산 시간은 그리길지 않았다.

내 나이 33세에 전남편은 37세에 합의이혼을 했다. 딸이 32세가 되어 작년 10월 28일 결혼을 한다고 전화가 왔다. 그때 내가 딸에게 물었다. "아빠에게 결혼식 때 손이라도 잡아주면 어떻겠느냐?"라고 물어보았다. 딸이 내게 말했다.

"1년 전에 남자친구와 아빠를 만나 식사를 하고 와서 결혼식에는 안 오셔도 될 것 같아."

그 말을 들었을 때 믿기지 않았다. 우리를 버린 아빠라고 평생 미워하며 용서하지 않을 것으로 생각했다. 이혼을 하고 25년 동안 단 한 번도 아빠 얼굴을 본 적도 없고, 딸과 전화 통화 한번 한 적이 없는 냉정한 아빠였기 때문이다. 딸은 결혼으로 아빠를 용서한 모양이다.

내게 잠깐 인연이었던 전 남편, 그래도 고마운 사람

8년 동안 나와 함께 살아주고, 예쁜 딸을 낳게 해준 그를 미워하는 감정은 없다. 이혼 후 10년 동안 그의 양복을 버리지 않았다. 큰언니가 "열녀 났네!" 하며 비꼬는 소리에 전남편의 양복을 그때 모두 버렸다. 하지만 지금 63세 할아버지가 되어 있었다. 마지막으로 25년 만에 들은 그의 목소리는 많이 들어본 친근한 목소리였다. 헛웃음을 웃으며 들킬 듯 작게 떨리는, 기어들어 가는 듯한 낮은 목소리가 측은하게 느껴졌다. 딸 결혼식 때 편지 한 장을 적어 보내달라고 문자를 보냈다. 하지만 끝내 답장은 오지 않았다.

나를 작가로 만들어 준 첫사랑

초등학교 동창 박철수는 인생에 딱 3번 만난 사람이다. 나는 중학교 3학년 때 고입 시험을 친 후, 절친 순옥과 철수와 탁구를 하러 갔었다. 단지 그것 하나로 나는 고 등학교 3년 동안 박철수라는 틀에 갇혀 옴짝달싹할 수 없었다. 그때 유행했던 노래 가 송골매의 〈어쩌다 마주친 그대〉와 〈빗물〉이다. 지금도 1년에 한 번 그 노래를 들 을 때면 가슴이 찢어지는 고통을 느낀다. 박철수라는 사람이 나를 3권의 책을 쓰게 했고, 작가로 만들어 준 장본인이다.

자본주의 사회에서 살아남는 법

"보다 잘게 나누면 그 어떤 일도 결코 힘들지 않다."

_ 헨리 포드

한 번에 한 가지씩

교통사고로 부산에 있는 병원에 다리를 깁스 한 채로 누워있었다. 운명처럼 스승님을 유튜브를 통해 만나게 되었다. 25년 동안 책을 300권을 쓰시고, 1,100명을 작가로 만들었다고 했다. 김미경 캠퍼스 MKYU를 통해 열정 대학생 과제물로 300장이 넘는 자서전 원고를 써서 자동차 운전석 밑에 대 봉투에 넣어 항상 가지고 다녔다.

"책으로 내지 않더라도 자신의 자서전을 써서 가지고 있어라!"

라는 강사님의 말씀을 듣고 그날 이후 회사업무를 마치고 밤 10시까지 회사 근처 도서관에 가서 한 달 동안 무작정 내 인생을 A4용지에 적었다.

인생은 참으로 신기하다. 뭔지 모를 끌어당김으로 인연이 연결된다. 이 모든 노력이 점으로 연결되어 인연을 맺게 해준다. 그 원고가 토대가 되어 스승님의 책 쓰기 1일 특강에 참석하게 되었다. 딸에게 그날 전화를 했다.

"서울 가는 비행기표 좀 끊어줘!"

내 인생을 송두리째 바꿔주신 한책협 김태광 대표님

깁스하고 서울 분당에 책 쓰기 1일 특강을 들으러 갔다. 그리고 그날 책 쓰기 6주 과정 수업료가 없어 스승님께

"직장을 다니고 있으니 한 달에 100만 원씩 송금해 드리겠습니다."

라고 부탁을 드려 책 쓰기 6주 과정에 참석할 수 있었다. 그것은 내 운명을 바꾸는 기적의 순간이었다.

1주차 수업은 1인 창업을 위한 책 제목 선물을 주셨다. 내 직업이 캐디여서 캐디에 대한 주제를 가지고 책을 쓰라고 하셨지만 "저는 도전하는 삶에 관해 쓰겠습니다!"라고 말씀드렸다. 지금 생각하면 스승님이 왜 캐디에 관한 책을 쓰라고 하셨는지 알 것도 같다. 도전하는 삶을 책을 써서 1인 창업으로 돈 벌기는 쉽지 않다는 것을 알고 계셨기 때문이다. 그래서 나도 결심했다. 잘하는 것이 없기에 내 인생을 바꾸기 위해서는 스승님의 뒤를 따라 부족하지만, 책 쓰기 코치로 나의 운명을 바꾸기로 결단했다. 이것이 자본주의 사회에서 내가 유일하게 살아남을 방법이라고 생각했다.

처음에는 책 쓰기 코치가 스승님께 죄를 짓는 것으로 생각해 숨소리조차 내기가 힘들었다. 스승님이 내가 책 쓰기 코치를 한다는 말을 전해 듣고 나를 혐오스럽게 생각하실 수 있다고 생각했기에 스승님께 걸려온 전화를 안 받을 때도 있었다. 그리고 한참 시간이 지난 뒤, 스승님께 전화를 드려 경제적으로 어려워 책 쓰기 코치를 하게 되었다고 솔직하게 죄송한 마음을 전했다. 스승님께서 흔쾌히 도와주시겠다고 말씀해 주셨다. 전화를 끊고 그날 많이 울었었다.

스승님이 없었다면 나도 없다

스승님의 가르침으로 한 달 만에 일을 마치고 새벽 4시까지 잠을 쫓으면서 책을 써서 원고를 완성했다. 미다스북스와 함께하신 명상완 실장님 은인을 만나 『나의 행복을 절대 남에게 맡기지 마라』와 『금은보화 금고 열쇠』 두 권의 책을 출간하고 책 쓰기 코치에 전념했다. 첫 출판 계약금 백만 원은 스승님의 히말라야 등정에 기부했다.

문주용 님이 책을 쓰고 싶다고 연락이 와서 책 쓰기 4주 과정을 마치고, 원고가 완성되어 문주용 『거인들의 비밀』 원고를 미다스북스 명상완 실장님께 은혜를 갚기 위해 이메일로 맨 먼저 보냈다. 책 쓰기 코치 능력도 안 되면서 코치를 하는 송구스러운 마음에, 원고가 제대로 전달되었는지 확인 전화를 드리지 못해 1주일 뒤 타 출판사에서 출판 계약이 되어 책이 출간되었다.

그 뒤 노애정 『당신의 행복 지도를 그려라』, 김태환 『언스토퍼블』, 최이정 『나대로 사는 것은 축복이다』를 출간하게 되어 내 인생을 송두리째 바꿔주신 미다스북스 이다경 편집장님의 황금손을 거쳐 원고를 다듬고 3권의 책이 세상에 나오게 되었다.

책 쓰기 6주 과정, 하루 만에 끝내는 1인 창업 과정, 네이버 카페 제작 과정, 강사과정, 유튜브 과정, 책 홍보 마케팅 과정 등 내 인생을 바꾸기 위해 3,000만 원을 지급했다. 내 형편이 어려운 것을 알고 주 코치의 주식 과정을 무료로 배우라고 스승님이 선처해 주셨지만, 과거에 주식투자 실패로 신용불량자가 되어 엄청난 고생을 했기에 정중히 거절했다.

〈한책협〉 김태광 대표님을 만나지 않았다면 나는 인생을 바꾸지 못했을 것이다. 경제적으로 어려운 나에게 책 쓰기 기회를 주시지 않았다면, 나는 평범한 사람으로 살다가 사라졌을 것이다. 내 운명을 바꿔주신 분은 김태광 스승님이시다.

오래 살아남는 방법은 성공한 사람 뒤를 따라가라

책 쓰기를 통해 나를 브랜딩했다. 방송 출연, 월간지 등재 등 상상할 수 없는 현실이 일어났다. 자신감이 붙어 김미경 강사님의 스피치 마스터클래스, 유튜버 〈안대장TV〉 안규호 님의 클래스 101강의, 오은환 님의 SNS 인플루언서 강의를 구입해 공부했다.

스승님을 만나 책 쓰기 6주 과정을 통해 두 권의 책을 출간하고, 블로그 서로 이웃 중 글을 잘 쓰는 두 사람에게 책을 쓰라고 문자를 보냈다.

문주용, 최지선 두 사람은 동시에 같은 날 책 쓰기 4주 과정 수업을 마쳤지만, 문주용 님만 한 달 만에 원고를 완성해 책이 출간되었다. 최지선 님은 현재까지 원고가 미완성 중이다. 책 쓰기 원고는 한 달 안에 완성하는 것이 철칙이다. 한 달 동안 책 쓰기에만 집중해야 원고가 완성된다. 나도 두 권의 책을 쓰면서 일을 마치고 새벽 4시까지 원고를 쓰며, 한 달 안에 원고를 완성해야 한다는 투지를 불살랐다.

사람은 의지만 있다면 못 할 일은 없다. 책을 써보지 않은 나도 작가가 되었고, 한 번도 책을 써본 적이 없는 4명도 책 쓰기 4주 과정을 통해 한 달 만에 원고를 쓰고 책이 출간되었다. 지금은 작가로 유튜버로 활동하고 있다.

문주용 님은 군에 입대한 후 『시크릿』 책을 읽고 끌어당김에 대해 수천만 원을 투자해 10년 동안 공부를 했다고 한다. 그것을 책에 담고 싶다고 했다. 책을 어떻게 쓰는지 책 쓰기 과정을 회사업무를 하는 도중에 잠깐 1시간 짬을 내어 차 속에서 수업을 받았다. 수업은 화상 수업이었다.

최지선 님은 블로그 강자다. 서로 이웃 2,000명이 넘는 많은 사람을 보유하고 있다. 인스타그램에도 인플루언서다. 하지만 책 쓰기 수업을 할 때 머리를 감고 말리지 않은 상태에서 수업을 받기도 했다. 자신의 운명을 바꾸는 시간인데, 책 쓰기 수업을 받는 겸허한 마음이 부족한 것이 마음에 걸렸다.

똑같은 수업인데도 한 사람은 한 달 만에 원고를 완성해 책이 출간되고 또 한 사람은 1년이 지나도 아직 진행 중이다. 책은 한 달 안에 원고를 완성하는 것이 원칙이다. 잠을 자지 않고 자기 시간을 쪼개어 책을 써야 한다. 그것이 자본주의 경쟁사회에서 유일하게 살아남는 방법이다.

세상에는 위대한 사람이 많다

노애정 님은 호주에서 30년을 간호사로 일했다. 그리스 남편을 만나 3명의 자녀를 낳고 키웠다. 요양원을 운영한 경력이 있으며 호주 전 지역을 캠핑카로 여행을 했다. 지금은 혼자서 미국을 비롯해 여러 나라를 여행 중이다. 유튜브를 통해 행복한 삶을 사는 영상을 가끔 보기도 한다. 삶의 추진력이 대단한 사람으로 열정적인 삶을 살아가는 62세 주부다.

김태환 님은 1일 특강에서 내 옆자리에 앉았던 사람이다. 그 뒤 내 사무실로 마늘 한 상자를 택배로 보내 주었다. 40대로 한때는 많은 직원을 거느리고 연 매출 17억 원을 달성한 저력이 있는 사업가였다. 미국에서 태권도 사범으로 활동한 도전하는 청년이었다. 코로나로 힘든 하루하루를 겪고 있는 그에게 책 쓰기를 권유했다. 한 달 후 원고를 완성해서 한 달 만에 미다스북스 이다경 편집장님의 손길로 책이 세상에 나오게 되었다.

최이정 님 역시 1일 특강에서 만난 인연이다. 폴란드에서 셰프로 일을 한다고 했다. 나는 도전하는 사람을 좋아해서 사진도 함께 찍고 전화번 호도 주고받았다. 2년 동안 가끔 안부 전화를 했다. 한국에 들어왔을 때 책 쓰기를 권했다. 8년 동안 20개국을 돌며 셰프로 일했고, 여행 중 화가 에게 그림을 배우고 영국에 있는 플라워 학교를 졸업했다. 셰프로서 요 리에 필요한 자격증을 많이 취득했다.

그들은 책을 출간하고 자신을 브랜딩했다. 많은 사람에게 도전정신과 지혜를 나누어주고 있다. 비록 두 권의 책 출간으로 책 쓰기 코치를 시작 했지만, 3년 동안 블로그에 내가 살아가는 글을 올려 13세부터 70세까지 많은 분께 도전정신과 의식혁명을 심어주고 있다.

차후 경제적으로 독립한다면 〈역행자학교〉와 〈역행자 스터디카페〉를 만들어 젊은이들의 삶을 바꿔주는 메신저로 살아갈 것이다.

인생은 모든 것이 연결되어 있다

인생은 모든 것이 연결되어 있다. 세 사람이 모이면 한 다리 건너 아는 사람이다. 나는 김미경 강사님으로 인해 내 인생을 A4용지에 담았다. 그것이 나의 스승님 김태광 대표님을 만나게 해주었고, 내 인생을 세 권의 책에 담았다. 교통사고는 다른 길로 살아가라는 큰 나뭇가지의 꺾임이다. 나는 항상 글을 쓸 때 '나는'을 제일 먼저 키보드를 친다. 그리고 눈물이 나도 모르게 주르륵 흐른다. 내 삶이 그다지 평탄하지 않았기 때문이다. 나는 책을 쓰고부터 '나는'을 더 많이 쓰게 되었다. 책을 쓰러 서울 분당에 간 날. 지하철 안에서 여대생에게 "나의 전신사진을 찍어 달라."라고 했었다. 35년 만에 처음으로 23세 때 내 자존감이 올라왔다. 책을 쓰면 자존감이 높아져 자신의 한계를 뛰어넘는 엄청난 도전을 하게 된다. 자신감이 생기면 성공은 저절로 따라온다.

06
한 번쯤 내 볼 만한 용기

"즐거워서 웃는 때가 있지만, 웃기 때문에 즐거워지는 때도 있다."

_틱낫한

미소의 힘

마산여상 야간 고등학교에 다니면서 가장 가슴에 남은 장미 한 송이가 있다. 진해 태백동 우리 집에서 속천에 있는 진해 조선소까지 갈 버스비가 없을 만큼 가난했다. 오빠의 사업 실패로 야간 고등학교에 가게 되었지만, 사업 실패가 없었다면 내 안에 숨어 있는, 잠자고 있는 또 다른 나를 깨울 수 없었을 것이다. 사람들은 말을 한다. 가난이 싫다고, 고통이 싫다고 하지만 이 가난과 고통이 있었기에 수많은 도전을 하게 되었고, 삶의 돌파구를 찾기 위해 끊임없이 노력하고 살아가는 것이다. 그 어려움이 있었기에 성공적인 삶을 살게 되고 또 다른 도전으로 기회를 만나게 되는 것이다. 성공한 사람들은 하나같이 이렇게 말한다.

"많이 실패하고, 많이 도전하라!"

지금에 와서 돌이켜볼 때 많은 실패와 도전이 나를 여기까지 오게 했다. 내게 아무런 시련도 아무런 고통도 없는 평탄한 인생이었다면 나는 아주 평범한 인생을 살았을 것이다.

나를 유혹한 장미 한 송이가 있었다. 고등학교에 다니면서 3년 동안 우리 집에서 진해 탑산을 넘어 진해 조선소에 1시간 거리를 걸어서 출근했다. 탑 산에 피어 있는 장미 한 송이는 항상 나를 반겨주었다. "장미야! 안녕?" 지나가는 길에 피어 있는 장미에게 인사를 했다. 영어 암송 노래를 들려주기도 하고, 영어 스피치 시험문제를 검사받기도 했다. 그때부터 나는 장미를 사랑하게 되었고, 장미는 나의 친구이자 동반자가 되었다.

미래를 위해 나는 오늘을 참았다

진해 조선소 출근길에 남학생에게 손편지를 한 번 받은 적이 있다. 고등학교 1학년 때 짝사랑하고 있던 친구가 있었기에 그 편지를 읽지 않고 바로 손을 녹이기 위해 불을 지펴놓은 화로에 태워버렸다. 편지를 읽게 되면 마음이 흔들리고 그때 당시 내 생각은 '연애는 은행원이 되어서 하면 돼! 지금은 공부에 집중하자!'라고 미래를 위해 오늘을 참았다. 어린 나이였지만 감정으로 마음이 흔들릴까 봐 편지를 읽기조차 두려워했다.

내 인생을 바꿔주신 분들은 고등학교 선생님들이었다. 잘하는 것도 없고 그렇게 예쁜 얼굴도 아니고, 그다지 공부도 잘하지 못하는 반에서 18 등을 면치 못하던 내가 고등학생이 되어 인생의 판도가 달라졌다. 고등학교 1학년 담임 정중규 선생님으로 인해 내 인생은 완전히 바뀌었다. 선생님은 수업할 때마다 나의 이름을 넣어 예시를 설명했다. "수빈이가, 수빈이는"라고 하시며 수업을 진행했다. 그래서 어깨가 으쓱해지며 자존감이 올라갔다. 박정규 선생님의 수업 시간이 되면 거울 앞에 20명이 넘는 여학생들이 줄을 서서 맘껏 멋을 냈다. 윤 영자 영어 선생님은 영어가 부족한 나를 배려해 주셨다. 스피치 시험에 실력보다 좋은 점수를 주시기도 했다. 그때 내가 대답했던 답이 at the bank였다. 지금도 그때의 기억이 생생하다.

인생을 함께할 친구가 있어 인생은 결코 외롭지 않다

좋은 친구들을 만나 선의의 경쟁을 할 수 있었다. 지은영, 신순정, 노연화, 김영미, 김미영을 만나 내 인생은 풍요로워졌다. 맛있는 라면을 끓여주시는, 적십자에서 봉사하시는 70세 엄마들의 정성이 담긴 라면을 40원을 내고 수업 시작 전에 모두 모여 3년 동안 매일 두 그릇을 먹었다. 한 그릇은 무릎 위에 숨겨두고 몰래 먹었다. 지금도 그 달달한 라면의 맛을 잊지 못한다.

허영 선생님은 고등학교 3학년 담임선생님이었다. 부기 선생님으로 아름다운 부인이 있었다. 친구들과 허영 선생님 댁에 놀러 가서 사모님이 차려주시는 맛있는 음식을 먹기도 했다. 3학년 때는 반장으로 졸업을 했다. 마지막 시험을 잘 보기 위해 회사에 휴가를 1주일 냈다. 회사가 바빴지만, 마지막 시험을 잘 치고 싶었다. 그래서 1주일 동안 진해도서관에서 시험공부를 했다. 입학할 때는 전교 74등으로 들어 왔지만, 마지막 시험은 전교 7등을 하게 되어 뿌듯했다. 회사 이정민 언니가 집에 찾아와서 출근해주길 간곡히 부탁했다. 하지만 내 미래를 위해 언니의 부탁을 외면했다. 순간의 죄책감보다 내 미래에 투자했다. 나는 1주일을 도서관에서 살았다. 한 번쯤은 나를 위해 남 눈치 보지 않고, 내 볼만한 용기가 필요하다. 현재보다 내 미래가 중요했다.

졸업식이 있던 날 친구들과 졸업사진 한 장 찍지 못했다. 은행에 합격하고 감사하는 마음을 전하기 위해 사과 한 상자와 배 한 상자를 샀다. 그리고 아름다운 그림 액자를 사서 담임선생님 댁에 갖다 드렸다. 졸업식이 끝나고 찾아뵙고 인사드려도 되는데 그때 당시 감사하는 마음을 전하는 것이 더 급선무였다. 졸업사진 한 장 찍지 않은 것이 큰 후회가 된다.

타자 심영일 선생님은 오빠의 친구였다. 그래서인지 쉬는 시간에 새 타자기를 가지고 타자 연습을 하게 해주셨다. 졸업식 날 선생님이 나를 불러 예쁜 앨범을 선물해 주셨다. 말씀은 없었지만 3년 동안 고생했다는 응원을 담은 선물임을 알 수 있었다.

내 인생의 둘도 없는 친구

고등학교 절친 지은영은 학교를 졸업하고 15년이 지난 뒤 부산 화명동에서 우연히 만나게 되었다. 고등학교 3년 동안 학교 수업을 마치면 은영이 집에서 가끔 자기도 하고 밥을 같이 많이 먹었다. 항해사와 결혼해 두 아들을 키우고 있었다. 3년을 의지하고, 서로 경쟁하며 살아왔다. 너무 반가워 집에 가서 앨범도 보고 두 아들을 만났다. 그 뒤로 서로 바빠서 만나지 못했다. 하지만 내가 마음만 먹으면 언제든지 찾아가 볼 수 있는 친구다.

은영이와 나는 서로 경쟁했다. 시험 기간이 되면 은영이 집에 불쑥 찾아가 뭘 하고 있는지? 감시했다. 화장실 휴지통에 담겨있는 종이에 수학 공부를 한 흔적을 보고 '나도 공부해야지!'라고 다짐을 했다. 친구는 마산 삼성생명에 10년 넘게 근무했다. 나도 마산 창동 본점에 근무했기에 가끔 만나 차도 마시고 식사도 했다. 친구가 곁에 있어 더 행복한 인생을 살 수 있었다. 마산 신혼집도 친구 집과 가까운 거리에 있었다. 그러고 보면 친구와 나는 항상 가까운 곳에 있는 인연이 깊은 사람이다.

"보고 싶다 은영아! 다음에 만나러 갈게."

은행을 다니면서 백향, 문향, 양지, 동방 꽃꽂이학원에 다녔다. 비서실에 근무해서 사무실에 꽃을 꽂아야 하는 일이 많았다. 그래서 더 꽃을 사랑하게 되었다. 내 이메일 주소도 rose로 시작한다. 그만큼 장미는 내 인생의 일부가 되었다. 꽃을 사랑하지 않는 여자는 없다. 하지만 누군가가 내게 "백만 원을 줄까요? 장미 한 송이를 줄까요?"라고 묻는다면 나는 망설임 없이 장미를 택할 것이다.

두 달 전 서울대를 졸업한 선을 본 남자와 진해 탑산에 올라가 보았다. 에스컬레이터도 타고 탑산 꼭대기에 올라가 진해의 전경을 둘러보았다. 파란 바다가 아름답게 펼쳐져 있었다. 높아 보였던 탑산이 이제는 그렇게 높아 보이지 않는다. '나도 어른이 되었구나!' 이곳에서 내 운명 휘찬이도 만나고 아름다운 추억이 많은 곳이다. 지나가다가 장미라도 발견한다면 나는 무척 반가울 것이다.

"장미야! 나야! 40년이 지나 우리가 만났네!"

지난날 탑산 이 아름다운 길을 걸으며 나는 낭만을 배웠고, 운명을 만났다. 이제는 60세를 바라보는 나이가 되었다. 그 사람은 무슨 생각을 하며 살아가고 있을까? 탑산에 올라가 한 번쯤 나를 생각할까? 궁금해진다.

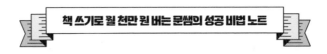

책 쓰기로 월 천만 원 버는 문쌤의 성공 비법 노트

내 인생을 바꿔주신 분은 고등학교 선생님들이었다

나는 고등학교 선생님들과 고등학교 친구들로 인해 인생을 풍요롭게 산 사람이다. 고등학교 1학년 담임 정중규 선생님을 만나지 않았다면, 나는 자존감이 없는 사람으로 살았을 것이다. 담임으로 인해 나를 사람들 앞에 내세우는 것을 처음 알았다. "3년 동안 선생님들의 예쁨을 받는 것을 보고, 너를 3년 동안 미워했다."라고 졸업식 날 순임이가 내게 말했다. 친구에게 보이지 않는 고통을 나도 모르게 주었다. 나는 처음 나를 알아봐 주는 사람을 만났다. 정중규, 박정규, 허영, 윤영자, 심영일 선생님들은 이제 90세가 넘으셨다. 선생님의 은혜에 머리 숙여 절을 올립니다.

"못난이 문수빈 인사 올립니다! 은혜에 감사드립니다!"

2장

평범한 사람이
빨리 부자 되는 법

01
이것을 모르면 자기 계발 하지 마라

"기회는 작업복을 걸치고 찾아온 일감처럼 보이는 탓에 대부분 사람이 놓쳐 버린다."

_ **토마스 에디슨**

기회는 스스로 만드는 것

8남매 가족 중 나는 생각이 달랐다. 뭐든지 저지르고 보는 성격이다. 그런 성격 탓에 많은 것들을 이루었다. 이혼하고 은행을 퇴사한 뒤 내가 한 일은 마산 회성동에서 꽃 화원을 했다. 6개월 정도 새벽 6시에 출근하고 밤 12시에 퇴근했다. 출근해서 꽃 배달을 하고, 은행 창구에 1주일에 한 번씩 꽃을 바꾸어 주는 일을 했다. 하지만 꽃 화원으로 딸을 대학까지 공부시키기에는 역부족이라는 생각이 들었다. 월 순이익이 백만 원 정도였다. 6개월 후 가게를 처분했다.

포기는 빠를수록 좋다

양산신문에 양산 영산대학 편입생을 모집한다는 공고가 있었다. 항상 배움에 목말라 했던 나는 기회라고 생각했다. 망설임 없이 학교로 찾아가 실내디자인학과 3학년에 편입했다. 20대들과 학업을 따라가기에 역부족이었다. 주로 그림을 그리는 과제가 많았다. 해운대에 있는 공중화장실을 그려오는 등 그림에 소질이 없는 나는 학업을 계속하기가 어려웠다. 그래서 중도에 포기했다. 캐드학원도 30만 원 학원비만 날리고 나와 맞지 않아 포기했다. 사람에게는 자신과 맞는 공부가 있다. 맞지 않는 공부를 잡고 있는 것은 시간 낭비, 돈 낭비다. 그래서 나는 일찍 포기한다. 13년이나 어린 동생들과 수업을 함께 해 보았다. 과제를 하기 위해 학교에서 잠을 자고 과제물을 완성하는 동생들을 보면서 열정이 부럽기도 했다. 하지만 내 길이 아니면 빨리 포기하는 것이 상책이다.

영산대학 학업을 중단하고 점점 더 내 생활은 궁핍해져갔다. 당장 돈을 벌어야겠다고 생각했다. 제일 먼 저 찾아간 곳은 영산대학에서 30분 정도 떨어져 있는 작은 배를 만드는 회사였다. 사장님과 남자 직원 3명 경리인 나 정도였다. 진해 조선소 경험이 있어 업무는 어렵지 않았다. 두 달 정도 근무했다. 그 뒤 쌍용자동차 영업사원 공고를 보고 입사해서 당일부터 영업을 시작했다. 일단 기업체 사장님들을 찾아갔다. 울산골프장에 찾아가 차에 명함과 전단을 꽂아두고 왔다. 맨 처음 찾아간 세화사 김 사장님이 무쏘 한 대를 계약해 주셨다. 가정집에 전단을 두고 온 것을 보고, 아들에게 사주겠다고 무쏘 견적서를 가지고 와 달라고 해서 그날 무쏘를 계약했다. 첫 달에 두 대를 판매해 수수료로 100만 원을 받았다. 3년 동안 월 5대를 판매했고 10대를 가끔 판매 하기도 했다. 영업점 직원 10명 중 여자인 나 혼자만 평택에 있는 자동차연수원에 연수를 갔다. 연수를 간 날 자동차구매 문의 전화가 많이 왔다. 30명이 넘는 연수자 중에 내가 가장 바빠 보였다.

기다리면 나의 때가 온다

그때 당시 딸이 꿈을 꾸었다. 돼지 새끼 떼들이 마당에 가득 있는 꿈을 꾸었다고 말했다. 나도 꿈을 꾸었는데 로또복권 1등에 당첨되는 꿈을 꾸었다. 로또 복권을 살 생각을 하지 않았다. 그만큼 마음에 여유가 없었다. 시간이 지난 뒤 생각해 볼 때, 그때부터 우리에게 두 번째 대운이 찾아왔다. 자동차 영업에 자신감이 붙었을 때 양산 신도시 부동산 시장에 뛰어들었다. 월 급여 150만 원을 받고 맥부동산, 명가부동산, 위너스타워 상가 분양사무실에 근무했다. 위너스타워에 근무할 때 아침 8시에 출근해 밤 12시에 퇴근했다. 상가 옆에 있는 이마트에 오는 고객을 한 사람도 놓치고 싶지 않았다.

청림 타워 상가 분양직원들이 "왜 문수빈 씨는 퇴근을 안 하세요?"라고 묻기도 했다. 위너스타워 상가 분양을 할 때 노무현 대통령이 우리 집에 밥을 먹으러 오는 꿈을 꾼 날, 오전 9시에 중년 남자 두 사람이 찾아와 1층 상가를 통으로 계약해 주었다. 그날 회장님께서 격려금으로 150만 원을 주셨다. 소장님께 80만 원을 드리고 딸과 필요한 것들을 샀다. 상가 분양에 조금 자신감이 붙었을 때 분양수당을 받는 상가 분양사무실로 직장을 옮겼다. 영업하는 방법은 다 똑같다고 생각한다. 누가 고객을 더 많이 만나느냐가 영업의 승패를 좌우한다.

학교 교장, 약사, 기업체 사장님들만 대상으로 영업을 했다. 그래서 첫 상가 분양수당으로 1,300만 원을 받았다. 감사한 마음에 팀장에게 계약한 건을 그냥 주기도 했다. 1건당 분양수당이 250만 원이었는데 그 돈이 아깝지 않았다.

첫 수당을 받고 회식비로 50만 원을 드리고, 직원들에게 책을 한 권씩 선물했다. 고등학교 때부터 책을 계속 읽고 있었기 때문에, 회사직원들이나 고객님들께 좋은 책을 선물을 많이 했다.

영업을 하면서 내가 잘하는 것은 고객관리였다. 고객을 A, B, C로 나누어 가망고객, 관리고객, 시간이 필요한 고객으로 분류했다. 티엠과 디엠을 철저히 했다. 그리고 결혼기념일이나 생신, 명절 때 선물을 꼭 챙겨드렸다. 그래서 지인들을 소개받아 남들보다 많은 계약을 할 수 있었다. 상가 분양 영업 3년 동안 1억 원을 벌었다.

크게 생각하라, 그래야 크게 이룬다

나는 생각을 크게 하는 사람이다. 그래서 배움을 중요하게 생각한다. 상가 분양으로 1억 원을 벌었을 때 좀 더 전문인이 되어야겠다고 생각했다. 서울에 있는 한국경제신문에서 주최하는 디벨로퍼 자격증 4주 과정과 부산 동의대 부동산 최고과정 4주 과정을 수료했다. 많은 시간과 비싼 수업료를 지급했다. 수업은 단 한 번도 빠진 적이 없다.

문득, 부자를 만나기 위해서는 골프를 배워야 한다고 생각했다. 1년 동안 단 하루도 빠지지 않고 부산 화명동 골프연습장에 비가 와도 365일을 업무를 마치고 오후 7시부터 오후 10시까지 골프 연습을 했다. 골프장에 머리를 올리는 첫 라운딩 경비가 70만 원이라는 말을 듣고 머리는 올리지 않았다. 그 노력을 가지고 현재 근무하고 있는 골프장에 이력서를 들고 경기과에 찾아갔다. 처음에는 경기과 홍상표 차장님이 나이가 많다고 걱정을 하셨다. 하지만 은행에 15년을 근무했고 고객 서비스는 자신이 있었다. 3년 동안 자동차영업과 상가 분양 영업으로 단련된 체력이 있었기에, 일하는 데는 문제가 없다고 당당하게 말씀드렸다. 두 달 교육과정을 마치고 경기보조원이 되었다. 골프연습장 1년 노력이 이렇게 많은 돈을 벌게 기회를 열어줄 줄은 꿈에도 생각하지 못했다. 새로운 도전, 이것을 모르면 자기 계발 하지 마라! 내 마음이 시키는 대로 살아가라.

내가 좋아하고 내가 행복한 일을 하라

나는 고객 서비스도 달랐다. 커피는 물론이고 골프에 필요한 모든 용품을 15년 동안 고객님들에게 드렸다. 제철 과일을 수시로 고객님 댁에 택배로 보내드렸다. 많은 돈을 주시는 고객님께는 라운딩이 끝난 뒤에 차 안에 타이틀리스트 볼 한 상자씩 넣어드렸다. 로스 볼을 한 달에 20만 원 정도 구매해 메이크별로 분리해 고객님 차에 넣어드렸다. 좋은 책이 나오면 고객님께 선물해드렸다. 고객님께 드리는 선물은 아깝지 않았다. 내 인생을 바꿔주시고, 딸을 대학까지 공부시켜주신 은인들이기에 오히려 선물을 드리는 것이 행복했다. 여름에는 오이를 깎아 아이스박스에 가득 넣고 다녔다. 얼음 커피는 라운딩이 끝날 때까지 드렸다.

나는 무슨 일이든 저지르고 본다. 시간이 지난 뒤 지난날을 돌이켜볼 때 가만히 손 놓고 있는 것보다 내가 할 수 있는 일을 지금, 당장 하는 것이 내 인생을, 내 운명을 바꾸는 계기가 되었다. 이혼하고 은행을 퇴사하고, 주식투자 실패로 신용불량자가 되었을 때 가만히 집에만 처박혀 있었다면, 내 인생은 아무런 변화도 일어나지 않았을 것이다. 움직이고, 행동해야 내 인생이 바뀌고 기회를 만날 수 있다.

"젊은이여! 큰 꿈을 꿔라! 그래야 크게 이룬다!"

나는 모든 일을 크게 생각하고 큰 꿈을 꾸기로 했다. 그래야 실패한 꿈의 조각들도 크다. 오늘 회사에 온종일 정전으로 암흑 속에서 생활했다. 하지만 내일이면 환하게 밝아질 내일을 알고 있다. 어차피 꿀 꿈이라면 크게 생각하고 큰 꿈을 꾸자! 그래서 우리도 남들처럼 큰사람이 되어 보란 듯이 살아보자!

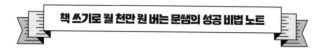

뭐든지 저질러라! 그러면 나의 때를 만난다

뭐든지 저질러라! 그러면 나의 때를 만난다. 사람은 10가지 직업을 가져봐야 한다고 생각한다. 그래야 자신이 어떤 일을 좋아하는지? 잘하는지 결과물을 볼 수 있다. 나는 은행 15년과 컨트리 15년을 다녔다. 한 가지 일을 15년 동안 할 수 있는 것은 그 일이 행복하고, 그 일이 좋고, 그 일로 내 꿈을 이룰 수 있고, 돈을 벌 수 있기 때문이다. 내 인생에도 내가 잘할 수 있는 기회를 주어야 한다. 그래야 나의 천직을 만날수 있다. 내가 이 세상에 태어난 소명을 찾아 끝없이 질주할 수 있다. 잠을 자지 않아도 피곤하지 않고, 가슴이 뛰는 일이 있다면 그것이 당신의 천직임을 명심하라!

02
지금부터 다르게 살고 싶다면 생각해야 할 것들

"행복한 삶도 어둠이 없으면 있을 수 없고, 슬픔이라는 균형이 없으면 행복은 그 의미를 잃어 버린다."

_ 카를 구스타프 융

삶의 균형

고등학교를 졸업하고 은행을 입사한 뒤 현모양처가 되어야겠다고 생각해 한국방송통신대학 가정학과에 입학했다. 6년 동안 매 학기 5일간 출석 수업을 하러 가는 것이 고역이었다. 은행을 5일씩 자리를 비운다는 것이 웬만한 강심장이 아니고는 휴가를 내기가 어렵다. 특히 감사님 비서로서 자리를 비우면 옆에 직원이 5일 동안 차를 끓여드려야 해 아침, 저녁으로 10명이 넘는 검사부 직원들을 챙기는 것은 쉬운 일이 아니다. 하지만 더 큰 성장을 위해 험난한 길을 선택할 수밖에 없었다. 야간 고등학교 졸업생이라는 꼬리표는 평생 나를 괴롭혔고 나를 가만두지 않았다.

통신대학에 들어와 많은 경험을 했다. 가사 시간에 앞치마를 만들기도 하고, 학예회 때 소방차 춤을 1주일 동안 옷을 맞추어 입고 춤 연습을 해 공연하기도 하고, 최성수의 〈애수〉 노래를 사람들 앞에서 부르기도 했다. 창원대학교에서 출석 수업을 받을 때 그날 비가 많이 내렸다. 나는 비가 좋다. 철수를 좋아했을 때 구창모의 〈어쩌다 마주친 그대〉와 〈빗물〉 노래가 한창 유행했다. 지금도 그 노래를 들으면 가슴이 찡하다.

창원대학교에서 출석 수업을 들으며 '이렇게 행복해도 되나?'라는 생각이 들기도 했다. 먼 거리에 있는 진주학습관의 수업도 재미있었다. 버스를 타고 진주까지 갔다. 마산 학습관에서 나의 운명 고휘찬과 옆 교실에서 시험을 함께 보기도 했다. 가슴은 심하게 뛰고 있었지만, 아무 일도 없는 듯이 시험을 봤다. 시간이 지난 뒤 훗날, 그도 나를 만나서 한동안 술독에 빠져 살았다고 했다. 하지만 지금은 결혼해서 잘 살고 있다.

배움의 갈증, 그것이 나를 바꾼다

배움에 대한 배고픔과 강박증이 있어, 결혼하고도 은행 업무를 마치면 오후 9시에 마산 합성동에 있는 메이크업학원에 다녔다. 학원비가 수백

만 원이었고, 재료비가 300만 원이 넘었다. 하지만 내 평범한 얼굴이 싫어서 메이크업은 꼭 배워야 한다고 생각했다. 3개월 후 메이크업 자격증을 취득했다. 매일, 매일 학원에서 배운 메이크업을 하고 출근을 했다. 나는 배움으로 한 뼘 나를 변화시키고, 한 뼘씩 성장해 갔다.

꽃꽂이 자격증은 많은 시간과 많은 돈이 필요했다. 결혼식 부케는 마산 합성동에 있는 지하상가 전문가에게 따로 배웠다. 메이크업과 꽃꽂이 자격증이 있어도 통영 시외까지 가서 속성으로 50만 원을 주고 다시 배우기도 했다. 메이크업 수업은 미술 시간처럼 도화지에 4B연필과 파스텔로 메이크업 과정을 배웠다.

은행 진급 대리 시험 부담감으로 일찍부터 규정집을 점심시간 30분을 쪼개어 10분 정도 점심을 빨리 먹고, 20분은 규정집을 공부하는 시간을 보냈다. IMF로 경제공황이 오자 노조위원장이 내가 근무하는 시외지점까지 찾아와 명예퇴직을 권유했다. 그날 나는 남편과 상의 한마디 없이 퇴직금 1억 원을 받고 명예퇴직을 했다. 노조위원장은 뒤에 암으로 사망했다. 마산 중리지점에 근무할 때 노조위원장 사모님과 같이 근무했었다. 그래서 더 안타까웠다.

인연의 끈은 때가 되면 놓아줘라

은행을 퇴사한 뒤 남편의 귀가 시간이 늦어졌다. 새벽 4시가 넘어도 집에 들어오지 않았다. 딸과 나는 아파트 베란다에 매달려 그가 돌아오기만을 기다렸다. 그때부터 그는 6개월 동안 집에 잠깐 잠만 자고 가는 하숙생이었다. 그와 만나는 사람을 찾아갔다. 나처럼 깡마른 사람이었다. 아니 나와 똑같이 닮은 사람이었다. 그들은 극구 아니라고 부인했다. 이혼 후 바로 결혼해 아들을 낳고 부부로 살아가고 있다. 25년이 지난 지금 그가 행복한지는 나도 알 수 없다. 하지만 나는 말할 수 있다. 이혼으로 내 삶이, 내 운명이 바뀌었다고.

그와 함께한 8년 결혼생활이 불행한 것은 아니었다. 낭만적이고, 태생이 착한 사람이라 부족함이 없는 사람이었다. 시골의 힘든 농사를 시부모님과 함께했을 만큼 효자고 부지런한 사람이었다. 지금도 가지고 있는 남편의 일기장은 내면을 들여다볼 수 있다. 아름다운 필체는 반하고도 남았다. 8년만 내 사람이었던 그는 지금 63세가 되었다. 그가 선택한 삶이다. 나도 남과는 다른 선택으로 나다운 삶을 살아가고 있다. 지금부터 다르게 살고 싶다면, 생각해야 할 것들이 많다. 형식에 메인 평범한 삶을 포기하고, 나다운 삶을 한번 살아보라.

불행, 그것은 나를 크게 쓰기 위한 신의 시험이다

그와 이혼하고 주식투자실패로 단돈 만 원이 없는 신용불량자로 살아 보았다. 딸에게

"아파트에서 뛰어내려 죽자!"

라고 말했다. 아무런 희망도, 아무런 꿈도 나에게 없었다. 그래서 혼자 죽어보려 무던히 애를 썼다. 진주 촉석루까지 찾아가 뛰어내리려 했고, 지나가는 트럭에 몸을 던지려 수도 없이 마음먹었고, 달리는 택시 안에서 뛰어내리려 수도 없이 결심했었다. 하지만 사람의 목숨은 하늘이 정해주는 것이라 내 마음대로 끊어지지 않았다.

그래서 다시 한번 살아보기로 했다. 23세에 만난 엄마는 내게 말했다 "밥이라도 잘 챙겨줬으면 이혼을 했겠나?" 엄마의 말처럼 밥을 잘해주었다면 그와 헤어지지 않았을까? 그가 없어도 시골에서 딸과 시부모님을 모시고 살았다면 우리에게 다시 돌아왔을까? 그렇게 산들 내 인생이 행복했을까? 25년이 지난 지금 생각해 볼 때, 이혼은 잘한 것으로 생각한다. 이혼으로 내 인생이 바뀐 것은 확실하다. 이혼하지 않고 은행원으로 평범하게 살았다면 나는 작가가 되지 못했을 것이다. 작가가 되었어도

삶의 고통의 깊이를 모르는 평범한 사람이었을 것이다.

지금 돌이켜 보면 딸과 내 운명을 바꾼 것은 가난과 삶의 고통이 축복의 선물이었다. 많은 사람 들은 가난과 삶의 고통이 축복인지 알지 못한다. 그 고통으로 인해 내 삶이 달라졌고, 더 도전하고, 실행하며 살아왔다. 그것은 누구에게나 주어지는 행운이 아니다. 선택받은 자만이 삶의 무게를 준다는 사실을 알게 되었다.

죽음의 문턱을 넘어야 내가 살아가야 할 소명을 알게 된다

3년 전 교통사고로 스승님을 만나게 되었다. 인생을 바꾸기 위해 수천만 원을 들여 인생을 바꾸는 사람은 드물다. 가족들은 내가 많은 돈을 들여 작가가 되고, 1인 창업가가 되었다고 말하면 '정신이 나갔다'고 생각한다. 하지만 나는 책 쓰기 1일 특강을 들은 날 아무런 망설임도 없이 책 쓰기 6주 과정과 1인 창업 과정을 등록했다. 그날 책 쓰기 등록을 한 사람은 모두 작가가 되었다. 보름 만에 원고를 쓰고 작가가 된 30대 남자도 있었다. 그 사람은 결혼한 지 한 달이 채 되지 않았다. 새벽 6시에 일어나 회사 근처 스타벅스에 가서 책을 쓰고 출근을 하고, 퇴근 후 다시 집 가까이 스타벅스에 가서 책을 쓰고 집에 갔다고 했다. 그 말을 듣고 나도 분발해야겠다고 생각했다. 그래서 나도 일을 마치고 새벽까지 잠을 자지 않고 책을 썼다. 그래서 문맥이 안 맞을 때도 많았다.

책 원고수정작업을 할 때는 1주일씩 동생들에게 일을 넘겼다. 그래야 수정기일 마감을 맞출 수가 있었다. 그런 인내의 시간을 견디며 이겨냈기에 작가가 될 수 있었다.

스승님께 인생을 바꿀 기회를 얻었기에 젊은이들이 마음은 있으나 돈이 없어 책 쓰기를 주저하거나 책 쓰기를 포기하기를 바라지 않았다. 열심히 살아냈다면, 자신의 인생을 책에 담아 지혜를 판매하는 1인 창업가가 많이 탄생되기를 바란다.

나는 누가 책 쓰기를 의뢰해도 그 사람을 코치할 안목을 갖추게 되었다. 누군가를 보면 '이 사람은 어떤 주제로 책을 쓰면 되겠구나!' 하는 깨달음이 내게 왔다. 하지만 상대방에게 알려주지 않으면 상대방은 자신의 운명을 바꿀 방법을 모른다. 그런 사람을 볼 때마다 안타까운 마음이 든다. 자신이 얼마나 엄청난 가치를 지니고 있는지 모르기 때문이다. 원석을 다듬으면 다이아몬드 인생을 살게 된다. 지금부터 다르게 살고 싶다면, 어떤 것을 해야 하는지? 생각해 볼 때다.

책 쓰기로 월 천만 원 버는 문쌤의 성공 비법 노트

끝없이 공부하라! 끝없이 성장하라!

연예인들이 최고의 자리에 올라갔음에도 추락하는 이유는 무엇일까? 그것은 더는 성장하지 않기 때문이다. 우울증이란 성장이 멈췄다고 보면 된다. 눈코 뜰 새 없이 오늘 내 꿈을 향해 나아가는 사람은 우울할 시간이 없다. 잠잘 시간도 부족하다. 내 꿈을 종이에 적고, 내 꿈을 시각화하고, 내 꿈을 선언하는 시간도 부족한데 우울할 틈이 있겠는가? 우울하다면 먼저 걷기부터 시작하라! 그리고 지금 내 꿈을 위해 무슨 책을 읽어야 하는지 서점을 찾아가서 책을 사라!

03

세상에서 가장 가치 있는 것은 무엇일까?

"꼭 해야 할 일부터 시작하라. 그 다음은 할 수 있는 일을 하라. 그러다 보면 어느 순간 자신이 불가능하다고 생각했던 일을 해내고 있음을 알게 될 것이다."

_ 아시시의 성 프란체스코

한 번에 하나씩

직장 상사가 내게 전화를 했다.

"수빈 씨! 오늘 출근합니까?"
"예. 출근합니다."

아침 9시에 전화가 걸려와 부랴부랴 출근했다. 어제 사장님께 석 달만 더 일하게 해달라고 부탁을 했다. 그것 때문에 전화가 온 것이다. 1년 전에도 나이가 많아서 퇴사를 권유했다. 부득이 개인 사정으로 사장님께 부탁을 드려 6개월, 6개월을 연장했다. 1년이 지나고 12월 1일 상사님이 한 번 더 확인했다. 하지만 내 형편은 회사를 퇴사할 형편이 아니었다. 그래서 사장님을 찾아간 것이다.

상사는 먼저 의논을 하지 않았다고 서운하게 생각했다. 자신에게 말해도 해결할 수 있는 문제를 순서를 지키지 않은 것에 서운함이 있었다. 하지만 사장님께 말씀드리는 것이 편해 부탁한 것이다. 최종 결정자는 사장님이기도 했다. 상사는 내게 여러 질문을 했다. 나는 대답을 하며 죄인처럼 머리를 숙이고 있었다. 자존심을 버리면 다 잃은 것이나 다름없다. 나는 세상에서 가장 비싼 가치를 외면하고 있었다.

박수칠 때 떠나라

15년 동안 살았던 회사 근처 방을 정리하고 양산으로 짐을 옮기고 인터넷을 끊어 달라고 기사에게 전화했다. 여러 지인에게 회사를 그만두게 되었다고 인사를 드렸다. 아침 9시 30분에 무거운 마음으로 사장님께 작별 인사를 드리러 갔다. 그런데 사장님께서

"수빈아! 3개월 더 일해라!"

라고 말씀하셨다. 지금은 일자리를 구할 때도 없다. 겨울에는 일이 없어 휴장을 하고 있는 상태다. 석 달을 일을 하지 않고 견디기가 쉬운 일이 아니다. 그런데 계속 좋은 꿈을 꾸고 있다.

백마 꿈, 채소 가지 꿈, 금붕어 꿈, 별 꿈, 금반지 꿈 좋다는 꿈을 다 꾸고 있었다. 특히 보라색 채소 가지 꿈은 꼭 돈이 들어왔다. 돈 들어 올 일도 없는데 꿈에서는 계속 좋은 일이 있을 거라고 선몽을 했다. 사장님 덕분에 위기를 넘길 수 있었다.

결혼 정보회사 소개로 양산 스타벅스에서 박 님을 만났다. 그날은 비가 왔다. 내가 먼저 자리를 잡고 차를 준비해 기다리고 있었다. 키가 작은 분이 오셨다. 무슨 이야기를 했는지? 기억에 남는 것은 없다. 함께 식사하자고 먼저 제안했다. 만나본 사람들과 식사를 하지 않은 것이 아쉬워 내가 먼저 말했다. 차 문을 직접 열어주었다. 평생 처음 받아보는 호사에 감동이 몰려왔다. 낯선 사람의 자동차였지만 불편하지는 않았다.

복국을 먹고 하나를 포장해서 드렸다. 연말에는 바쁘다며 다음 약속은 하지 않았다.

동생에게 물었다.

"이렇게 예쁜데 왜 사람들은 선택을 하지 않는 걸까?"
"언니는 평범해! 아주 평범하게 생겼거든!"

동생은 이렇게 말했다. 내가 보기에는 지금이 내 인생에서 가장 예뻐 보이는데 나를 알아봐 주는 사람은 단 한 명도 없었다.

인연은 하늘이 정해주는 것, 인력으로 만들 수 없다

그 뒤 용기를 내어 박 님에게 만나자고 문자를 보냈다. 첫 만남 후 서울에 출장이 있어 연말에는 시간을 낼 수 없다고 했다. 그래서 새해에 만나자고 했다. 제주도에 딸과 사위, 손자 두 명과 여행 중이라며 전화를 해 주었다. 목소리는 아주 밝았다. 뒤에 만나게 되었다. 오후 1시에 전화가 걸려왔다.

"일이 있어서 3시까지 가겠습니다."

전화해 주니 반가웠다. 3시가 되어 차 한잔을 하고 한정식집에서 식사했다. 두 번이나 쌈을 싸주고, "오늘 예쁘게 입으셨네요!"라고 칭찬해 주었다. "빈말이시죠?"라고 하니 "아닙니다. 예쁘면 예쁘다고 말합니다."라고 했다. 기분은 나쁘지 않았다.

결혼 정보회사에 왜 신청했느냐고 물었다. 10년 전에 신청했는데 연락이 와서 나를 만나게 되었다고 했다. 박 님은 물김치를 담아 딸에게 줄 만큼 요리를 잘하는 사람이다. 굳이 여자의 도움이 필요하지 않은 사람이다. 그 사람의 호의는 고마웠다. 대학교수로 정년퇴임을 하고 지금은 회사를 설립해, 자신의 지식과 기술을 필요로 하는 회사에 도움을 주는 일을 하고 있다. 전기 전자 공학박사로 후계자를 양성하는 일도 도와주고 있다.

사람의 인연은 인력으로 될 수 없고 나를 사랑해 달라고 애원해도 사랑을 주지 않는 것이 사랑의 법칙이다. 다가가면 도망가고, 가만히 있으면 요동치는 사람의 마음은 어쩔 수 없는 것인가 보다. 사람의 인연은 하늘이 정해주는 것이지 내가 어찌할 수 있는 영역이 아니다. 나는 짝사랑으로 고통받으며 살아왔다. 제대로 된 사랑 한번 받아 본 적도 없고, 제대로 된 사랑 고백 한번 받아본 기억도 없다. 사람이 60년을 살면서 평범한 사람들이 다하는, 제대로 된 가정 한번 꾸려보지 못하는 나 자신이 원망스럽다. 내 나이 59세에 사랑을 찾아 헤매는 것이 우스운 일인지 모르지만, TV 프로그램을 통해 나보다 잘난 사람들이 결혼하지 못해 배우자를 찾는 프로그램에 출연하는 것을 보고 더 뛰어 보자고 스스로 다짐해 본다.

직장을 퇴사하고 책 쓰기 코치에 집중해야 하는 것이 맞지만 어린아이가 엄마 품을 쉽게 떠나지 못하듯이 3년 전 각오를 지금까지 실행에 옮기지 못하고 있다. 같은 스승님 밑에서 똑같은 수업을 받았지만, 누구는 성공하고, 나는 제자리걸음에 머물러 있다. 직장을 끊어내지 못하기 때문이다. 직장은 나의 발목을 잡고, 이제는 체력의 한계를 느끼면서도 불안감에 떨며, 썩은 동아줄을 끌어 잡고 있다. 나는 이제 이곳을 떠나야 한다.

2024년 새해에는 모든 묵은 인연들을 끊어내고, 새로운 인연들로 채워 내 인생을 바꿔 갈 것이다. 누군가는 가족들의 아픔으로 이사를 해 새로운 사람들을 만나고, 나와 맞지 않는 악연들을 끊어낸다. 새로운 인연을 만들고, 인생을 바꾸고자 하는 모임에 가입해 성장만을 목표로 삼는 곳에서 인생을 창조하고 있다. 자신이 사는 모든 환경을 과감히 버릴 때, 새로운 사람들로 채워 인생이 저절로 변화된다. 새로운 기운들로 채워져 기회를 만나게 된다. 세상에서 가장 가치 있는 것은 무엇일까? 그것은 자존심을 지키는 일이다.

책 쓰기로 월 천만 원 버는 문쌤의 성공 비법 노트

때를 기다려 최후의 승자가 되라

사람은 가끔 비굴할 때가 있다. 하지만 비굴함이 내 꿈을 접은 것은 아니다. 내 꿈에 가기 위해 잠시 쉼표를 찍는다고 생각하라! 언젠가는 상대방보다 더 높이 서 있을 때가 있다. 해는 떠오르기도 하지만 때가 되면 진다. 그러니 오늘 내가 잘났다고 우쭐댈 필요도 없고, 내가 처참하다고 인생이 끝난 것도 아니다. 사람은 때가 되어야 내 세상이 온다. 그때를 기다릴 줄 아는 사람이 최후의 승자가 된다.

04
지금이 인생을 바꾸기에 가장 좋은 때다

"사람들은 시간이 모든 것을 바꾸어 준다고 말하지만, 실제로는 당신 자신이 모든 것을 바꾸어야 한다."

_ 앤디 워홀

스스로 변화하라

나는 유튜버 이동진 님을 만나 더 많은 도전을 하는 사람이 되었다. 이동진 님은 30대로 대학 시절부터 많은 도전을 했다. 아시아나항공 광고 모델이 될 만큼 특이한 사람이었다. 몽골평야를 6,000km가 넘는 거리를 말을 타고 달리는 것을 영화로 찍어 유튜브에 올려놓았다. 비행기 조종사가 되기 위해 비행학교에 찾아가 그동안 자신이 도전한 여러 가지 스토리를 영화로 보여주며 비행학교에서 처음으로 장학금 1억 원을 받고 입학했다. 부족한 영어 실력도 노력으로 극복하고 비행기 조종사 시험까지 완벽하게 통과했다. 비행기 조종사가 되기까지의 어려운 과정들을 영화로 찍어 영화관에서 개봉했다. 3년 전 이동진 님의 『당신은 도전자입니까?』를 읽고 엄청난 충격을 받았다. 그 뒤 이동진 님을 알고부터 유튜브를 통해 도전 의식을 배우고, 두려움 없이 많은 도전을 하게 되었다.

남이 내 인생을 살아주지 않는다, 당장 눈앞의 도리는 잠시 잊어라

강사가 되기 위해 회사에 한 달을 휴가를 내어 매주 월요일부터 금요일까지 4주 과정으로 성희롱 예방, 법정의무교육, C.S 교육, 컬러진단 강사 자격증을 실기와 이론시험을 통해 취득했다. 직장인이 한 달을 휴가 내기란 여간 어려운 일이 아니다. 월 400만 원의 수입을 포기하고 배우는 것이니만큼 더 단단한 각오가 필요했다. 딸의 대학 공부를 마친 뒤, 김미경 강사님처럼 누군가의 인생을 바꿔주는 강사가 되고 싶었다. 그래서 부산 서면에 있는 정보영 스피치 학원에서 7개월 동안 매주 월 화 휴가를 내어 스피치를 배웠다. 학원을 마치고 저녁 7시에 박 코치 영어 학원에 4개월을 다녔다. 영어를 잘하지 못하는 열등감에 학원을 다녔다. 4개월의 노력으로 혼자 캐나다 여행을 7일간 다녀왔다. 영어 학원을 마치고, 부산 시민공원에 가서 성희롱 예방 강의를 엄마들을 모아놓고 연습했다. 엄마들이 살아오신 이야기를 많이 들을 수 있었다. 모두 혼자서 아이들을 키웠다고 했다. 지금, 이 순간이 인생을 바꾸기에 가장 좋은 때다.

이동진 님으로 인해 유튜브를 시작했다. 섬네일도, 편집도 할 줄 모르지만, 그냥 무작정 동영상을 찍어 올렸다. 남들은 5분 걸리는 작업을 나는 온종일 주무르고 있다. 뒤에 책 쓰기와 1인 창업 과정에서 유튜브 수업을 받았다.

처음 동영상을 찍었을 때 1시간을 이야기했다. 나도 깜짝 놀랐다. 나 혼자서 1시간을 말할 수 있다는 사실에 뿌듯함까지 느꼈다. 3년이 지난 뒤 구독자는 겨우 두 계정을 합하여 700명 정도다. 그래도 구독과 댓글을 남겨주시는 구독자님들께 감사의 인사를 올린다.

책을 출간하고, 블로그를 통해 나 자신을 알리고, 그동안 살아왔던 이야기를 담았다. 3년이 지난 뒤 서로 이웃이 2,000명이 되었다. 월 천만 원 벌기에 도전하게 되었다. 젊은이들에게 책 쓰기와 1인 창업을 하기 위해 유튜브, 블로그, 강사과정, 하루 만에 끝내는 1인 창업, 네이버 카페 제작과정을 가르치고 있다.

유튜버 안대장TV 안규호 님의 클래스101 강의, 클래스유 유근용 경매 강의, SNS 인플루언서 오은환 강의 등 여러 가지 지식을 쌓게 되었다. 이렇게 자기 계발에 전념하는 이유는 가난이 싫었기 때문이다. 신용불량자로 단돈 만 원도 없이, 전기장판도 없는 추운 겨울에 전기 수도가 끊기는 고통을 안고 살아봤기 때문이다. 내가 어려운 사람들을 그냥 지나치지 못하는 이유가 여기에 있다. 그들의 심정을 누구보다 잘 알기 때문이다.

1인자를 그대로 카피하라! 그러면 2인자는 될 수 있다

김미경 강사님의 2인자가 되기 위해 회사 일을 마치고 나면, 어두컴컴한 밤 11시 가로등 불빛도 없는 공원에서 강사님의 유튜브 영상 중에 돈에 관한 영상을 틀어놓고 손짓, 발짓을 따라 하며 강사의 꿈을 키웠다.

3부제 일을 일찍 마친 오후 2시에 노인정, 택시 사무실, 소기업에 찾아가 성희롱 예방 교육을 했다. 연습만이 내 능력을 키울 수 있다고 생각했다. 하지만 정작 군청에서 성희롱 예방 교육 강의 요청이 들어 왔을 때 역량이 부족해 지인에게 강의 할 수 있는 기회를 넘겨야 했다.

3부제는 3월부터 11월까지 새벽 5시부터 업무를 시작해 저녁 7시까지 티업을 하는 기간이다. 몇 년 동안 3부 막팀 오후 7시를 지원해서 새벽 3시에 출근해 1부 업무를 마치면 오후 2시가 된다. 빨리 강의 준비를 해서 노인정이나 시골 논, 밭에서 일하고 계시는 엄마, 아버지들을 찾아가 성희롱 예방 교육 연습을 하기도 했다. 여름에는 아이스크림과 음료수를 대접하고, 주로 과일을 사서 가지고 가서 대접해드렸다. 그때는 잠이 부족해도 신이 났다.

김미경 강사님의 강의가 있었다. 부산 농심호텔에 강의가 있어 떡을 3박스를 준비해서 강의 시작 2시간 전에 맨 앞에 줄을 서서 기다렸다. 장미 100송이로 만든 꽃다발과 떡을 강사님께 드렸다. 강의가 시작되고

"양산에서 온 문수빈 씨 나오세요!"

라고 호명을 하셔서 함께 악수도 하고, 포옹도 했다. 부산 벡스코에 강의를 오셨을 때도 2시간 전에 맨 앞자리에 앉아 꽃다발과 난을 드리고 악수를 했다. 300명이 넘는 여자분들 중에 꽃다발을 가지고 온 사람은 나밖에 없었다. 옆 사람에게 사진을 찍어달라고 부탁했다. 사진을 현상해서 큰 액자에 넣어 우리 집 거실과 안방에 걸어두었다.

작가가 된 것은 김미경 강사님의 말씀을 듣고 그것이 계기가 되어 스승님을 만나, 써 두었던 원고 300장을 고스란히 두 권의 책에 담을 수 있었다. 미다스북스와 함께하신 명상완 실장님을 만나 세상에 나를 알릴 수 있었다. 귀한 은인들을 만나 잘하는 것도 없는 내가, 작가가 되고 책쓰기 코치로 살아가게 되었다. 명상완 실장님을 만나지 못했다면 나의 인생은 바뀌지 않았을 것이다.

은혜를 언젠가는 갚아라

내가 성공하면 꼭 하고 싶은 것은 명상완 실장님의 책을 세상에 내드리는 것이다. 스승님께 부탁해서 제대로 된 책을 세상에 나오게 해드리고 싶다. 지금은 회사를 떠나셨지만 오랜 시간 미다스북스와 함께 일하셨던 분이다. 뒤에 꼭 만나 뵙기를 손꼽아 기다리고 있다. 지면을 통해 문수빈의 인생을 바꿔주신 명상완 실장님께 감사의 인사를 올린다.

은행을 다니면서 경은 행보에 글을 투고해서 원고료 3만 원을 받았다. 입사 후 야유회를 갔다 와서 썼던 원고와 딸을 낳고 기쁜 마음을 담은 원고는 아직 앨범 속에 간직하고 있다. 나는 고등학교 때부터 지금까지 일기를 쓰고 있다. 내가 작가가 된 것은 항상 일기를 썼기 때문에 가능했다. 고등학교 때부터 짝사랑으로 가슴앓이를 하면서 시집과 책을 항상 손에 들고 살아왔다.

시간을 쪼개어 만들어라! 시간은 만드는 자의 것이다

이곳 컨트리 캐디로 일하면서 두 권의 책을 출간할 수 있었던 것도 시간이 많아서 작가가 된 것이 아니다. 일하는 도중 잠깐 일이 밀릴 때 그 5분에 호주머니에 들어 있는 A4용지를 꺼내 생각나는 에피소드나 내 생각을 적어두고, 업무를 마치고 그것을 보고 원고를 써 내려갔다. 지금, 이 순간이 인생을 바꾸기에 가장 좋은 때라고 생각한다. 생각을 담기 위해 유튜브를 찍을 때, 회사업무를 마치고 휴게실이나 공원 화장실에서 찍어 동영상을 올렸다. 딸을 공부시키기 위해 쉬지 않고 일을 해야 했기 때문에 거의 자투리 시간을 활용해 유튜브 영상을 찍었다. 사람은 자신이 필요하다고 생각하면 잠을 자지 않고 책을 쓰고, 유튜브 동영상을 올리고 자기 계발을 한다. 지금은 유튜브가 대세다. 구독자가 많으면 엄청난 기회가 찾아오고 많은 돈을 벌 수 있기 때문이다. 서로 이웃님들이 내 블로그에 방문해 주시지만 살기 바쁘다 보니 은혜에 보답할 길이 없다. 항상 감사하는 마음은 간직하고 있다. 좋은 모습을 보여 드리기 위해 끊임없이 노력하고 있다.

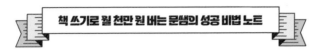

인생을 바꿔줄 멘토를 만나라!

내 인생을 바꿔줄 멘토를 직접 만나러 가라! 멘토와 손을 잡고 악수를 하거나 포옹을 해 보라! 그때부터 멘토와 나를 동일시하라! "나는 켈리 최 회장이다! 나는 김태광 대표다!" 나를 성공한 사람들과 동일시하는 순간, 엄청난 마력이 나에게서 뿜어져 나온다. 세상에 두려운 것이 없고, 못 이룰 꿈도 없다고 생각하게 된다. 내 꿈을 향해 더 높이 점프하는 사람이 된다. 나는 김미경 강사님과 포옹하는 사진과 악수하는 사진, 김태광 대표님과 찍은 사진을 큰방, 거실 구석구석에 걸어 놓았다. 내가 항상 김미경 강사님이고, 김태광 대표님이 되어 살아가고 있다. 지금도 나는 김태광 대표님의 저서 친필사인 해주신 『기적 수업』 책을 3년째 안고 잠을 잔다.

05
빠르게 가난에서 벗어나는 방법

"좋은 아이디어를 얻는 가장 좋은 방법은 많은 아이디어를 생각하는 것
이다."

_ 라이너스 폴링

창조적인 사고

나는 가난이 싫었다. 그래서 스승님의 제자로서 부끄러운 일이지만 책
쓰기 코치로 살기로 했다. 39년을 직장생활을 했지만, 딸을 공부시킨 것
외에는 내게 남은 것은 없었다. 그것만으로도 감지덕지해야 하지만 사람
의 욕심은 끝이 없다.

3년 전 교통사고가 발생했을 때 그 찰나의 순간에 엄마에게 기도했다.

"엄마! 제발 살려줘! 나 아직 살고 싶은 삶을 살아보지 못했단 말이야! 아직 딸도 결혼도 안 했어! 제발!"

죽음의 순간이었지만 또렷하게 기도를 했다. 그 뒤 소용돌이 속에 빠져들었다. 교통사고로 그 자리에서 차를 폐차할 만큼 큰 사고를 당했다. 1년 6개월 동안 목과 부러진 다리를 치료하느라 제대로 일을 하지 못했다. 내 형편은 더 어려워졌다. 4명의 자매는 누구 하나 병원에 와주지 않았다. 통장에 돈만 50만 원 송금해 주었다. 회사 동생 조정희는 한라봉을 사 들고 왔고, 한미영은 아버지가 돌아가셨을 때도 와주었는데 병원까지 찾아왔다. 마음의 빚을 많이 졌다.

하나님이 내게 주신 소명

스승님은 8년 동안 출판사로부터 500번의 출판 거절을 당하셨다고 한다. 힘겨운 현실로 자살을 수백 번 생각하며 죽음의 고비를 넘겼다. 그 후 책 쓰는 법을 가르쳐야 한다는 깨달음을 얻었다고 한다. 지금은 부동산을 비롯해 200억 원 재산가가 되셨다. 염치없지만 나도 스승님처럼 되어야겠다고 생각했다. 엄마도 평생 8남매를 키우느라 돈 걱정만 하며 사시다가 간암으로 돌아가셨다. 아버지 역시 8남매를 키우기 위해 닥치는 대로 안 해 본 일이 없을 만큼 궂은일만 하시다가 86세에 엄마 없이 20년을 혼자서 외롭게 사시다가 돌아가셨다. 굳은살 배긴 아버지의 손가락은 내 손가락과 똑같다. 투박한 손가락, 거친 아버지의 두 손이 눈에 선하다.

엄마를 먼저 하늘로 보내고 20년을 어떻게, 무엇을 생각하며 아버지는 살아가셨을까? 살기 바빠 가끔 생각날 때만 진해 아버지에게 찾아갔다. 지금 생각해도 아버지가 너무 불쌍하다는 생각이 든다. 급한 내 성격과 똑 닮은 아버지를 그다지 좋아하지 않지만, 나를 낳아주시고 길러주시고, 먹여주시고 공부시켜주신, 자신의 인생이 없었던 아버지의 은혜에 감사한다.

나는 지금 결과가 다른 시작을 하고 있다. 이미 100억 원 재산가가 되었다는 생각으로 남은 10년을 살아가고 있다. 스승님이 걸어오신 그 길을 묵묵히 걸어간다면 10년 뒤 나도 100억 원 재산가가 되어있다고 확신한다. 그 증거가 스승님이다. 나는 결과를 알고 책 쓰기 코치를 시작했다. 성공하신 스승님이 계시기에 롤 모델로 삼고 살아가고 있다. 엄청난 고통이 따르지만, 스승님의 유튜브를 보면서 동기부여를 받고, 어떻게 하면 이 힘겨운 인생 여정을 행복하게 살아갈 수 있을까? 를 고민한다. 빠르게 가난에서 벗어나는 방법은 롤 모델을 그대로 따라 하라. 그것이 시간과 돈을 아끼는 지름길이다. 스승님이 이미 많은 시행착오를 겪었다.

다른 사람은 몰라도 스승님은 가난의 무게를 아시기에 나를 조금은 이해해 주시리라 생각한다. 제자로서 부끄럽지 않은 사람이 되고 싶다. 나를 만나 단 한 사람이라도 책을 써서 인생을 바꿀 수 있다면 그것으로 내 소명은 다한 것으로 생각한다.

딸이 아파트를 사서 신혼집을 장만했는데도 결혼식이 끝나고 아직 가보지 못했다. 1월에 여동생과 한번 가보기로 했는데 마음의 여유가 생기지 않는다. 책을 쓰는 것이 더 중요하다고 생각했다.

스승님의 제자 중에 김새해라는 작가가 있다. 그녀는 책을 읽어주는 유튜버로 17만 구독자를 보유하고 있다. 가장 건강이 안 좋고, 경제적으로 어려울 때 스승님을 도서관에서 1일 특강으로 만나 책을 출간하고 TV 출연을 했다. 10년이 지난 지금 고가의 컨설팅과 상담료를 받고 있다고 한다. 능력이 된다면, 필요한 사람이 있다면 가능한 일이라고 생각한다. 유튜버 단희쌤 역시 가장 힘든 시기에 스승님을 만나 책을 써서 100억 원 재산가가 되었다. 현재 부동산 컨설팅과 상담을 하고 있다. 안대장TV 안규호 작가가 있다. 그는 잘생긴 외모를 가졌고 보험법인영업을 가르치고 있다. 수업료는 엄청나다. 그도 경제적으로 가장 어려운 시기에 스승님을 만나 책을 출간하고, 보험영업 강의로 6개월 뒤 바로 성공 과도를 달려 현재는 남부럽지 않은 삶을 살고 있다.

결과가 다른 시작

모두 스승님을 만나 결과가 정해진 남과는 다른 시작을 하고 있다. 읽어보라는 책을 읽고, 스승님이 해왔던 모든 일련의 과정들을 배우고, 익혀 실행해 나간다면 빠르면 5년 안에 경제적 자유는 물론이고, 내가 꿈꾸는 세계 일주를 딸과 함께하면서 남부럽지 않은 삶을 살게 될 것이다.

내가 이렇게 큰 꿈을 꾸게 된 것은 스승님 역시 가난 때문에 아버지를 잃었고, 가난 때문에 수백 번 자살 기도를 했던 사람이다. 나와 똑같은 고통을 안고 삶을 살았던 스승님이 고난을 딛고 200억 원 재산가가 되었기에 뒤를 따라가려 하는 것이다. 처음에는 나를 이해해 주시지 않겠지만 스승님의 은혜를 잘 알고 있고, 성공하는 날이 오면 은혜를 꼭 갚을 것이다.

스승님은 항상 우리에게 말씀하셨다.

"돼지에게 진주 목걸이를 걸어주지 마라!"

그 말이 처음에는 무슨 뜻인지 알지 못했다. 하지만 3년이 지난 지금 그 말이 무엇을 의미하는지 조금은 알게 되었다. 사람의 운명을 바꾸는 일은 기적이다. 우리는 기적을 만드는 사람들이다. 독자에서 작가로 위치를 바꾸어 나를 브랜딩하고, 내 지혜를 판매하는 1인 창업가가 될 수 있다. 그래서 내 지혜가 필요한 사람들에게 지혜를 알려주어 인생을 바꾸게 되는 것이다.

책을 써서 나를 브랜딩하라

책은 나를 위해 영업을 해주는 영업사원이다. 나는 자동차 영업 3년과 상가 분양 영업을 3년 동안 해 보았다. 아침 8시부터 밤 12시 까지 기업체 사장님을 찾아다니며 전단과 명함을 전달하는 아날로그식 영업을 했다. 하지만 지금은 온라인과 책을 통해 나를 알리는 영업이 가능하고, 카톡 문자나 전화로 나를 만나고자 연락을 하는 사람이 나타나기 시작한다. 내가 움직이지 않아도 자동으로 돈이 벌리는 수익 자동화, 수입의 파이프라인을 만들 수 있다.

블로그와 네이버 카페, 유튜브, 인스타그램, 페이스북을 통해 1인 창업가로 성공의 과도를 달릴 수 있다. 온라인 속에 고속도로가 개통된 것이다. 이제는 온라인 속에 내 이름이 없으면 죽은 사람이나 다름이 없다.

책 쓰기로 월 천만 원 버는 문쌤의 성공 비법 노트

나는 엄마의 죽음으로 인해 인생관이 바뀌었다

나는 엄마의 죽음으로 인해 인생관이 바뀌었다. 사람은 언제 죽을지 모르기 때문에 지금 행복해야 한다고 생각하게 되었다. 인생은 한 번뿐이고 내가 오래 살고 싶다 해서 오래 살 수 있는 것도 아니고, 내가 빨리 이 세상을 떠나고 싶다고 해서 이 세상에서 사라지는 것도 아니다. 오늘 당장 내가 행복한 것이 중요하지, 아직 다가오지 않은 미래, 벌써 지나간 날의 행복에 얽매여 살아가서는 안 된다. 우리는 현재에 살고 있기 때문이다. 아직 오지 않은 미래를 걱정할 이유도, 다시 돌이킬 수 없는 과거를 부여잡고 살아가는 것만큼 어리석은 삶은 없을 것이다.

06

눈부신 인생 2막의 시작, 퍼스널 브랜딩

"마음을 담장 너머로 던져 넘기면 나머지는 저절로 따라 넘어가게 된다."

_ 노먼 빈센트 필

마음이 시키는 일

3년 동안 스승님의 가르침대로 아침에 일어나 이불을 개고, 5분간 책을 읽고 출근을 하면서 성공 확언을 외쳤다. 회사에 출근해 성공 확언을 하루에 한 번 쓰고, 하루 10분간 책을 필사했다. 하루 10분 정도 성공한 사업가들의 책을 읽었다. 성공 확언을 하루 100번을 쓰고 무의식에 꿈을 심으면 우울증은 찾아올 수도 없다. 내 꿈을 이루기 위해 오늘 해야 할 3가지를 하고, 내 꿈을 이루기 위해 버려야 할 3가지를 하며 살아가고 있다. 어떤 때는 나와의 하루 루틴을 지키지 못할 때도 있다. 그래서 일을 마치고 그것을 하고 퇴근하거나 회사 근처 마트에서 추위에 덜덜 떨면서 하루 루틴을 채우기도 했다.

휴가를 내서 집에서 쉬게 되면 하루를 무의미하게 보내 항상 집 근처 스타벅스에 가서 책을 읽거나 책을 쓴다. 집에서는 집중이 안 된다. 앉으면 눕고 싶고 자고 싶어져 제대로 나를 위한 시간을 만들지 못한다. 그래서 일단 집을 나온다. 나의 게으름을 이기지 못하는 것이다. 휴가 때는 대부분 스타벅스에서 시간을 보냈다.

스쳐 지나가는 인연들

박 님은 운동을 많이 해서 마라톤에 참석한 횟수가 300번이 넘는다고 했다. 고등학교 때에는 운동선수로 활동했다. 지금도 친구들을 만나면 평생 운동선수로 살 줄 알았지, 대학 교수가 될 줄은 몰랐다고 말했다고 한다.

내가 만난 두 사람은 삶의 열정을 가진 사람들이었다. 대구 홍 님은 2년 전 아내를 암으로 잃었다고 한다. 6년간 투병 생활을 했다고 한다. 그 사람의 카카오톡 스토리 에는 슬픈 음악이 대부분이다. 담겨있는 〈빗물〉 노래를 들으니 돌아가신 엄마가 생각났다. 자식들은 결혼했고, 행복한 인생을 살아가고 있다. 나는 대구분과 인연이 되었으면 했다. 첫 만남에

늦게 와 중간마다 전화해 주는 배려가 마음에 들었다. 그 정도면 괜찮은 사람이라고 생각했다. 군대에 가서 군인들에게 불교에 관한 지식기부도 하고 있다. 10년째 홀로 사는 노인들의 밥차를 도와주고 있다고 했다. 고향에 아버지 이름으로 장학재단을 만들 생각도 했었는데 이루지 못했다고 말해주었다. 목소리도 좋아 믿음이 가는 목소리였다.

처음 만나 인사를 하고 차를 마시면서 이 사람이 편안한지를 계속 생각했다. 여동생이 편안한지가 제일 중요하다며 그것을 잘 생각해 보라고 조언을 했다. 계속 이야기하면서 내 마음 상태를 확인했다. 편안하고 즐거웠다.

1시간 동안 얘길 나누고 식사를 하기 위해 차를 탔다. 벤츠를 타고 와서 "만세!"를 부른 내가 속세에 물든 사람으로 보였는지? 두 번째 만난 자리에서는 나의 눈을 쳐다보지 않았다.

좋은 인연이 될 수 있다고 착각했다. 인연은 내 마음처럼 호락호락하지 않았다. 눈을 쳐다보지 않는 그와 삼계탕을 먹고, 억지로 유명한 공원 앞에서 사진 한 장을 함께 찍었다. 영화를 보는 동안 내가 그의 손을 잡았다. 나이 차이는 있지만 떨리는 그의 심장 소리를 들었다. 영화가 끝나고 선물로 준비해간 보온 조끼를 주니, 친하지도 않은데 두 번 만나고 받을 수 없다고 거절했다. 겨우 가지고 간 나훈아의 CD만 받아 갔다.

박 님은 대학교수로 정년퇴임 했고, 딸이 백일이 지난 뒤 이혼해 혼자 딸을 키우며 살았다고 한다. 딸이 결혼할 때까지 새벽 5시에 일어나 식사 준비를 했다고 한다. 남자로서 엄마 노릇까지 하며 살았으니 얼마나 힘들었겠는가? 얼마 전에는 물김치를 담아 딸에게 주었다고 했다. 그 말을 들었을 때 눈물이 핑 돌았다. 현재 딸은 결혼해 두 아들을 낳았다. 차에 가족사진이 있었다. 단정하고 화목한 가족의 모습을 볼 수 있었다.

첫 만남과는 다르게 두 번째 만남은 즐거웠다. 딱딱하고 건조한 느낌은 사라지고 장난기 많은 개구쟁이 소년 같다는 생각이 들었다. 25년을 양산에서 살아도 몰랐던 우리 집과 가까운 거리의 한정식집에서 불고기 전골을 먹었다. 두 번이나 쌈을 싸서 내게 주었다. 감동이었다. 부끄러운 나는 조심스럽게 받아먹었다. 싫지는 않았다. 내 평생 쌈을 싸서 주는 사람은 박 님이 두 번째였다. 그래도 인연이 조금 이어진 느낌이 들었다.

양산 통도사에 갈 때는 도로를 역주행해 깜짝 놀랐다.

"교수님도 역주행합니까?"

라고 물었다. 그러자

"지금은 특수한 전시 상황입니다!"

라고 말해 유머 감각이 뛰어나다고 생각했다. 나와 강변도로로 드라이브를 하기 위해 차를 급히 돌린 것이다. 대나무처럼 곧게만 살았을 삶이라는 것을 안 봐도 알기에 나 혼자 웃음이 나왔다. 수업할 때 수업방식은 아주 뛰어난 학생이 중간 학생을 가르치고, 중간 학생이 부족한 학생을 가르치는 방식을 택했다고 한다. 비록 시험 성적은 부족할지 모르나 졸업을 할 때는 전체 학생이 취업할 수 있게 실기 위주의 수업방식을 해왔다고 했다.

"어떻게 그런 수업방식을 생각을 다 하셨어요?"라고 내가 물었다.

"교수한테 그 질문이 맞습니까? 허허." 하며 웃었다.

통도사에 도착해 냇물이 졸졸 흐르는 다리도 건너고, 엽서에 소원을 적어 나는 제일 앞쪽 가운데에, 박 님은 뒤쪽에 꼭꼭 숨겨 나무에 매달아 놓았다.

"유나가 예쁜 아이 낳게 해주세요! 저도 올해 결혼하게 해주세요!"라고 적었다.

부처님이 계시는 절 안으로 들어가 함께 합장도 했다. 다원에 가서 대추차와 연뿌리 차를 마셨다. 숟가락에 잣과 대추차를 떠서 내게 먹여주었다. 그는 내가 생각하는 것보다 마음이 엄청 따뜻한 사람이었다. 콧물을 흘리는 그에게 손수건 두 개를 사서 선물했다.

사람의 인연이란 쉽게 이어지지 않는다. 전남편을 3번 만나고 결혼해서 사람의 인연이 쉬운 줄 알았다. 내가 좋아하면 상대방은 줄행랑을 치고 도망간다. 부부의 인연이란 쉽게 오지 않고 25년을 기다려도 내 사람은 나타나지 않았다.

여동생이 60세를 바라보는 나이에 사랑하는 언니가 부럽다고, 그런 감정을 느낀다는 것이 부럽다고 했다. 60 평생을 짝사랑만 한 나의 인생을 돌아볼 때 쓴웃음만 날 뿐이다.

남자에게 목숨 걸지 말고 책 쓰기 코치로 성공해서 함께 세계 일주 떠나자고 했다. 내가 할 수 있는 일은 책 쓰기 코치다. 이것으로 2024년에는 내 인생을 기필코 바꾸고 싶다. 눈부신 인생 2막의 시작은, 퍼스널 브랜딩이다. 이제는 그때가 되었다. 지금까지 뿌려놓은 노력의 씨앗들이 싹이 트고, 열매를 맺어 내 인생이 완전히 탈바꿈되어 새로운 삶을 살아가게 될 것이다.

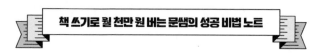

나를 진정으로 사랑해준 인연 문창근

사람이 세상에 태어나 18년 동안 진정으로 한결같은 마음으로 걱정해주고, 함께해 준 인생의 동반자가 있는 사람은 행복한 사람이다. 70 평생 중에 18년을 함께 했다 면 하늘이 맺어준 인연이 아닐까 생각한다. 그래도 이 세상에서 문창근을 만나 행 복한 삶을 살아보았다. 세상에는 아직 제 짝을 찾지 못해 헤매는 사람이 많다. 내 인연은 내 가까이에 있다는 것을 명심하라! 내가 알고 있는 지인이 어느 순간, 내 짚신 한 짝을 찾아 줄 것이다. 그러니 단 한 사람이라도 소중한 인연을 소홀히 하 지 마라! 그 사람이 내 운명을 바꿔줄 사람이다.

3장

결단하라!
이루지 못할 꿈은 없다

01

5분 읽기, 5분 쓰기로 만드는 1만 시간의 법칙

"하늘을 날거나 물 위를 걷는 것이 기적이 아니라, 우리가 땅을 딛고 걷는 것이 기적이다."

_ 중국 속담

삶이 기적이다

목표가 사람을 바꾼다고 생각한다. 자신이 정한 목표가 있으면 그 목표를 향해 달려갈 수 있기 때문이다. 사람이 목표 의식이 없다고 가정해 보자. 오늘 내가 무엇을 해야 하는지 아무 생각이 없이 하루 24시간을 허비하게 될 것이다. 나는 고등학교 때부터 목표를 정하고 그 목표를 향해 매진하는 삶을 살았다. 은행원이 되고자 했을 때도 3년 동안 단 한 번도 긴장을 늦추지 않았고, 그 목표를 위해 단 한 순간도 여유를 부리지 않았다. 하루 버스 속 2시간을 공부하는 시간으로 정한 것도 단 한 번도 어기지 않았다.

인생에는 담금질의 시간이 필요하다

일요일에는 부족한 공부를 메우기 위해 아침 6시부터 밤 10시까지 진해도서관에 앉아 공부했다. 타자가 부족하다는 생각이 들 때는 일요일에 타자학원에 다녀 영문과 한글을 보충했다. 주산도 3년 동안 점심시간 1시간 중 30분을 주산을 연습하는 데 사용했다. 그런 나의 모습을 보고 핀잔을 주거나 나무라는 언니는 없었다. 그래도 내가 인덕이 있어 이두이 언니, 이정민 언니에게 꾸중 한번 듣지 않고 일을 했다. 하지만 아직도 겁이 나는 박 과장님께 혼쭐이 난 적이 있다. 과장님은 내게 서류를 집어 던지기도 했다. 하지만 단 한 번이었다.

고등학교 공부를 시켜주신다는 고마운 마음에 물청소를 1주일에 한 번씩 꼭 했다. 그래서 발에 무좀을 달고 살았다. 내가 사장님께 은혜를 갚는 일은 회사 청소를 깨끗이 하는 것 외에 할 수 있는 일이 많지 않았다. 오시는 선주님들을 가족처럼 생각하는 것, 단지 그것뿐이었다.

은행에 합격했을 때도 사장님께 죄송해서 환호성도 지르지 못했다. 조용히 합격 전화를 받고 눈물만 글썽였다. 첫 봉급을 받은 날 부모님께 내복을 사드렸고, 진해 조선소 가족들을 모시고 회식을 했다. 비록 돼지갈비지만 마음이 뿌듯했다. 손수건과 양말, 책 한 권씩 예쁘게 포장해 감사

편지를 써서 한사람, 한사람에게 드렸다. 내 인생을 첫 번째로 바꿔준 사람들이었다. 지금도 직장생활이 힘들고, 스트레스가 심할 때는 가끔 내 고향 진해에 간다. 철길도 걸어보고 진해 중앙초등학교도 가보고, 행암 바다도 보고 진해 조선소가 없어지고 지금은 아파트단지가 들어선 곳에 우두커니 서 있다가 온다. 내가 성장하고 꿈을 이룬 곳이다. 나를 가난에서 벗어나게 해준 곳, 잊을 수 없는 은인들, 잊을 수 없는 내 인생의 첫 직장이다.

인생에는 3번의 대운이 존재한다

현재 이 직장에서 15년째 일하고 있다. 43세에 주식투자 실패로 빈손일 때 딸과 미국 유학이라는 목표를 세우고 이곳에 이력서를 들고 경기과로 찾아왔다. 시골 아주 깊은 곳에 있는 직장이라 다시 찾아올 수 있을까? 하는 생각이 들었다. 하지만 목표를 가지면 사람은 생각과 행동이 바뀌게 된다. '여자는 약 하지만 엄마는 강하다'는 말이 저절로 생각이 들만큼 무한한 힘을 발휘하는 것이 엄마다.

나는 이곳에서 5분 읽기와 5분 쓰기로 1만 시간의 법칙으로 인생을 바꾸었다. 처음에는 일기가 글쓰기 전부였지만 3년 전부터 작가가 되고 블로그를 시작하게 되었다. 지금은 서로 이웃 2,000명을 보유하고 있다.

한 달에 500명 정도 내 블로그를 읽고 있다. 나이는 13세 초등학생부터 70세까지 방문해서 글을 읽고, 많은 것을 생각하고 얻어 간다고 생각한다. 서로 이웃님들의 방문이 나에게 큰 용기를 주셔서 한 단계 업그레이드된 삶을 살고자 노력하고 있다.

일을 마치고 책 한 장 읽고 퇴근하는 즐거움은 경험하지 않은 사람은 맛볼 수 없다. 하루 한 번 자기 생각을 블로그에 올리는 재미는 느껴보지 않은 사람은 알 수가 없다. 누군가가 내 글을 읽고, 하트를 누르고 댓글을 달고 서로 이웃을 신청하는 재미는 나에게 삶의 희열을 느끼게 해주고 내가 어떻게 살아가야 하는지 방향을 알려준다. 5분 책 읽기, 5분 책 쓰기를 통해 나는 두 권의 책을 완성했다. 작자가 되고자 하는 사람들을 책 쓰기 4주 과정을 통해 책이 출간되도록 도와주고 있다.

사람들은 작가는 아무나 되는 것이 아니라고 생각한다. "한 게 없어요!" "제가 작가가 될 자격이 있을까요?"라고 반문하기도 한다. 나는 단언컨대 말할 수 있다. 일기만 쓸 수 있다면, 카톡 문자를 보낼 수 있는 정도면 누구나 작가가 되고 1인 창업가로 살아갈 수 있다. 우리는 50년을 살면서 뭔가 한가지는 누구보다 잘하는 특기나 강점이 있다. 그것을 책에 담아 자신을 브랜딩하고 지혜와 깨달음을 판매하면 되는 것이다.

부자는 태어나는 것이 아니라 만들어진다

스승님의 제자 중에 100억 원 재산가가 몇 명 있다. 그들은 불과 10년 전에는 인생에서 가장 힘들고 가난한 시점에 스승님을 찾아가 책을 쓰고, 자신을 브랜딩해 지혜와 지식을 고가를 받고 판매하고 있다. 최고의 스승에게 한 달 만에 책 쓰기와 1인 창업을 배워 성공한 인생을 살고 있다.

스승님이 성공했듯이 나도 목숨을 걸고 인생을 바꾸고자 하는 사람들의 책을 출간하고, 1인 창업가로 살아가게 도와준다면 나에게도 경제적 자유는 곧 찾아오게 된다고 믿는다. 내 생각이 나이기 때문이다. 현재의 나의 모습은 내가 과거에 말하고, 행동하고 생각했던 것이 현실로 나타난 것이다. 내 생각이 곧 나다. 사람은 자신이 하는 말에 책임을 져야 한다. 생각이 나이기 때문이다. 내 생각이 나의 과거, 현재, 미래를 결정하고 만들어 가고 있다.

오늘은 당번이라 오전 7시에 출근해 오후 2시에 퇴근하면 된다. 하지만 나는 나의 끈기를 잘 알기에 회사에서 이렇게 책을 쓰고 있다. 오후 6시까지 이곳에 있다가 퇴근할 생각이다. 집에 가면 TV를 보거나 잠을 자는 것이 눈앞에 선하기 때문이다.

모든 것은 자신과의 싸움이다. 이곳에 오기 전에도 부산 화명동 지하 골프연습장에서 상가 분양 업무를 마치고 연습을 했었다. 그때 상가 분양으로 수당 1억 원을 벌었기에 부자를 만나기 위해서는 골프를 배워야 한다는 생각이 문득 떠올랐다. 나는 생각이 떠오르면 바로 그날 실행하는 생활방식을 가지고 있는 사람이다. 그날 저녁 바로 연습장에 등록해 1년 동안 단 하루도 빠지지 않고 연습을 했다.

연습장 프로가 권유해서 산 클럽은 130만 원이었다. 그때 10명 정도 같이 구입했다. 그 뒤 프로는 보이지 않았다. 뒤에 알고 보니 클럽 가격은 80만 원대였다. 연말에 함께 연습했던 사람들과 비가 오는 날 맛있는 회를 먹었던 기억이 떠오른다.

나는 고등학교 때 공부를 열심히 하는 것에 초점을 두지 않는다. 도서관에 앉아 있는 것, 나 자신과의 싸움에서 이기는 그런 사람으로 58년을 살아왔다. 그래서 실패를 해도 과정을 중요하게 생각하기 때문에, 결과보다 매 순간순간을 더 귀하게 생각한다. 남들은 5분을 하찮게 생각한다. 하지만 나는 15년 동안 이곳에서 일하면서 일을 나가기 전, 1만 시간의 법칙을 믿고, 5분 책 읽기와 일을 마치고 난 뒤 5분 책 쓰기로 인생을 바꾸었다. 사람들은 이 5분을 가만히 앉아 있거나 잡담하는 시간으로 허비했다. 15년 동안 5분을 모으면 인생을 바꾸고도 남을 시간이다.

 책 쓰기로 월 천만 원 버는 문쌤의 성공 비법 노트

나는 15년 동안 5분 책 읽기와 5분 책 쓰기로 인생을 바꿨다

나는 15년 동안 컨트리 캐디로 일하면서 일 나가기 전 5분, 일하면서 잠시 화장실 가는 시간 5분을 아껴서 책을 읽고, 3권의 책을 쓴 작가가 되었다. 사람들은 5분을 그냥 잡담으로 소비하거나, 멍하니 공상을 하는 것으로 시간을 흘려버린다. 나는 시간을 주워 담기 위해 귀에 이어폰을 끼고 3년 동안 아침 출근 시간과 저녁 퇴근 시간에 김미경 강사님, 김태광 대표님, 켈리 최 회장님, 김승호 회장님의 유튜브 영상을 들으며 내 내면 부자의 그릇을 키웠다. 공부할 시간이 없어서 자기 계발을 할 수 없다는 말은 어불성설이다. 시간은 만드는 자의 것이다.

02
책을 읽어도 인생을 바꿀 수 없다면?

"무릇 전투라면 누구나 무시하지 못할 만큼 중대하면서도 이길 수 있는
전투에 뛰어 들어라."

_ 조나단 코졸

포기할 줄 아는 법

나는 항상 목마른 갈대처럼 아등바등하며 살아가고 있다. 뭔가를 배우
지 않으면 불안하고, 남들보다 뒤처질까 봐 안절부절못했다. 우리 친정
가족들은 대부분 이런 마음으로 삶을 살아가고 있다. 큰언니는 손자 손
녀를 키우느라 바쁘고, 작은언니는 한국방송 통신대학 중국어과를 졸업
했다. 화가이면서도 미술 학원에 다니고 있다. 오빠와 올케언니는 식당
을 경영하면서 70세 나이에도 마시는 엽차를 직접 만들기도 하고, 올케
언니는 조각 이불을 만들거나, 천에 수를 놓아 액자에 담아 벽에 걸어둔

다. 올케언니는 여러 가지 술을 담는 것이 취미다. 막내 여동생 정빈이는 부동산 공부를 위해 직접 부동산사무실에 근무했다. 아파트 분양으로 많은 돈을 벌었다. 대구에서 가장 비싼 아파트에 살고 있다. 투자에 성공한 것이다. 내 밑에 여동생 은숙이는 집 정리 정돈과 청소가 취미다. 깨끗한 집을 가꾸는 것에 큰 기쁨을 느끼는 사람이다. 책을 읽어도 인생을 바꿀 수 없다면, 자신이 가장 잘하는 한 가지 주제를 책에 담자! 그 지혜를 판매하는 1인 창업가가 되라!

나는 엄마로 인해 강인한 인생을 살게 되었다

엄마 김수희는 55세에 간암 말기 선고를 받고 3개월 정도 사시다가 해골의 모습으로 돌아가셨다. 내 결혼식이 끝나고 엄마는 마산 문화원 돌담에 앉아 얼마나 울었는지 모른다. 결혼을 반대했기에 걱정이 되어 울었을 것이다. 얼마 뒤 엄마의 몸무게가 10kg이 갑자기 빠졌다. 그래서 작은언니 친구가 다니는 병원에 가보았다. 처음 검사 결과는 혈액순환이 좋지 않다고 했다. 혈액순환에 좋은 약만 사서 먹었다. 계속 살이 빠져서 큰 병원에 가서 검사해 보니 간암 말기 진단을 받아 3개월을 넘기기가 힘들다고 했다.

3개월 동안 작은언니가 엄마를 포항에서 모셨다. 8남매를 낳고 키우신 고통이 얼마나 힘이 들었는지? 언니도 두 아이의 엄마가 되어 잘 알기에 병원에 모시기보다 집에서 편안하게 지내시기를 바랐다. 가끔 진해집에 오면 엄마를 목욕시켜 드렸다. 머리카락은 다 빠지고, 해골처럼 앙상한 뼈만 남은 엄마를 물로 씻겨 드리면서 눈물이 계속 흘러내렸다. 엄마의 삶을 알기 때문이다. 은행을 퇴직하고 남편과 이혼을 하고, 주식투자 실패로 어려운 삶을 살아보았기에 혼자 딸을 키우면서 어려울 때마다 힘들게 사신 엄마가 생각이 많이 났다.

8남매를 키우기 위해 10개가 넘는 도시락을 매일 말없이 싸주셨던 엄마가 고마워 눈물이 났다. 도시락 반찬은 깍두기와 김치가 전부였다. 그래도 꿀맛이었다. 도시락에 녹물이 그득해도 배탈 한번 난 가족은 없다. 우리 8남매는 고기 한번 먹지 못하고 자랐지만, 끈기 하나는 부모님을 닮아 누구 못지않게 강인한 사람들이다.

내가 할 일은 삶 속에 내 자리를 찾는 것이다

큰언니 문은주도 고생을 많이 했다. 가정형편이 어려워 야간 고등학교에 다니면서 장갑공장에 다녔다. 얼굴도 예쁘고 마음도 착하고, 요리도 잘하고 옷도 센스 있게 잘 입는 멋쟁이 언니였다. 하지만 군인인 서울 형부를 만나 33세 때부터 마음고생을 심하게 했다. 두 딸을 언니의 힘으로 은행원과 중학교 교사로 훌륭히 키웠다. 조카들은 진주 경상대를 다니면서도 시계를 만드는 공장에 아르바이트해서 힘들게 일하는 엄마를 도왔다. 지금은 두 딸이 결혼했다. 손자, 손녀를 낳고 아파트를 샀다. 서울에 있는 조카는 은행에서 높은 실적을 매번 올려 함께 일하고 싶은 직원 1순위가 되었다. 작은 조카는 남편이 외국으로 발령이 나서 올 중반기에는 학교를 휴직하고 미국에서 생활할 예정이다.

작은언니 문하성은 고등학교를 졸업하고 한국중공업 연수원에서 근무했다. 그곳에 업무연수를 온 형부를 만나 첫눈에 반해 결혼했다. 언니는 초등학교 때부터 자신의 달란트를 찾아냈다. 그것은 그림으로 그때부터 그림을 그리기 시작했다. 중학교, 고등학교 때까지 사생부에 있었다. 고등학교 때에는 유화를 그렸다. 지금은 화가로 활동하고 있다. 형부는 대기업계열사 사장으로 발탁이 됐다. 현모양처로 잘살아가고 있다. 언니는 어릴 때부터 손재주가 많았다. 우리 8남매의 머리를 고등학생 때까지 잘라주었다. 고등학교 때 교복을 입고 카트 머리를 한 내 모습이 지금 봐도 너무 예쁘다.

진해 친정집 도배는 해마다 작은언니가 혼자서 다 했다. 가족의 힘을 전혀 빌리지 않았다. 그 정도로 언니는 대장부였다. 집안의 커튼도 언니가 만들어서 달았다. 언니는 결혼해서도 외식을 잘하지 않는다. 요리도 잘하고, 옷을 입는 맵시는 그 누구도 따라갈 수 없다. 고등학교 때 작은 언니의 옷을 가끔 입고 학교에 간 적이 있다. 그때마다 언니에게 된통 얻어맞은 기억이 난다. 그래도 계속 언니의 옷을 입고 다녔다. 내 눈에 언니 옷이 예쁜 걸 어쩌겠는가?

남동생 홍길이는 진해고등학교 전교 1등으로 졸업하고 고려대를 졸업했다. H대기업에 연구팀 팀장으로 근무하고 있다. 두 아이의 아빠가 되었다. 코로나로 인원 감축의 소용돌이 속에도 살아남았다. 남동생은 고려대에서 문 신화로 알려져 있다.

세상에 공짜 돈은 없다

내 밑에 여동생 문은숙은 투자실패로 3억 원의 빚을 지게 되었다. 그 빚을 갚기 위해 가족 모두 중국행을 택했다. 그래서 10년 동안 열심히 일해 빚을 다 갚고, 한국에 들어와 조카가 연세대 화학과에 합격했다. 군대를 제대하고 올해 2학년에 복학한다. 학원강사 아르바이트를 하고 있다. 10년 동안 말도 통하지 않는 중국 땅에서 힘들었을 텐데 아무런 반항 없이 묵묵히 자라준 양지훈이 대견하다.

작은 남동생 홍권이는 부동산 공부와 주식 공부를 했다. 아파트와 상가 분양, 주식투자에 성공해 마산에 있는 10억 원 상가를 매입해서 살고 있다. 주식과 부동산 공부를 한다고 해서 성공하기는 하늘의 별 따기다. 시간을 인내한다는 것은, 고수의 경지가 되어야 돈을 벌 수 있다. 40대에 상가를 매입하기란 쉬운 일이 아니다. 하지만 남동생이 그것을 해냈다. 개구쟁이 아들 둘의 아빠가 되었다. 지금은 아주 힘들었는지 흰 머리카락도 보이고, 눈가에 주름도 많이 보인다.

돌이킬 수 없는 아픔의 고통

내 딸은 엄마를 잘못 만나 마음고생을 많이 했다. 매일 돈 번다고 아침 8시에 나가서 밤 12시가 되어 돌아오는 엄마와 살아가는 것이 힘겨운 삶이었다. 주식투자 실패로 신용불량자로 살았다. 딸의 자존감은 바닥을 헤매고 살았다. 돈이 없어 피자집 전단을 아파트에 붙이는 아르바이트도 했다고 한다. 이 말은 딸이 성인이 되어 우리가 웃을 수 있을 때 내게 한 말이다. 딸은 지금까지 살면서 단 한 번도 눈물을 내게 보인 적이 없다. 이혼하고부터 혼자서 밥을 먹고 학교에 갔다. 준비물을 제대로 챙겼는지 단 한 번도 챙겨준 적이 없다.

내가 딸에게 잘한 것이 있다면 딸의 달란트를 찾기 위해 4세 때부터 발레, 피아노, 바이올린, 수영, 미술 학원을 보냈다. 딸이 잘할 수 있는 것이 무엇인지 모르는 상태여서 무엇이든 배워봐야 한다고 생각했다. 딸은 엄마의 생각대로 학원을 빠지지 않고 잘 다녀주었다. 나는 피아노 학원을 단 하루 다니고 이 길이 내 길이 아니라고 판단했다. 그런데 딸은 그 어려운 장조와 단조를 너무 쉽게 이해하고 알았다. 정말 신기할 정도였다. 딸이 발레리나가 되기를 원했었다. 하지만 가정형편이 어려웠고

"엄마! 비가 오면 몸이 쑤셔 다리에서도 뚝! 뚝! 소리가 나!"

라고 말해 패션디자인으로 대학 진로를 바꿨다. 고3 때 미술 학원에 다니면서 그림을 곧잘 그렸다. 딸은 영어영문학과와 의류학과를 복수 전공했다. 미국 유학을 통해 많은 견문을 넓혔다.

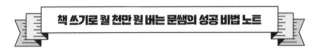

자신이 잘할 수 있는 달란트를 찾아내라

자신이 잘할 수 있는 달란트를 찾아내라. 모든 사람은 단 한 가지, 남들은 가지지 않은 나만의 무기가 있다. 나는 서비스 정신과 도전정신이다. 기술이 없다면 정신이라도 남보다 투철하면 된다. 나는 요리도 못하고 아무런 재주도 없지만, 서비스 정신만은 한국의 1인자라고 자부한다. 나는 내가 하는 일이 좋고, 이 일이 제일 행복하다. 자신이 행복할 수 있는 일을 찾았다는 것 또한 행운이다. 거의 90%는 가족을 부양하기 위해, 인생을 살아가기 위해 직업에 얽매여 있을 뿐이다. 자신이 잘하고 싶고 즐겁고, 행복하다고 느끼는 일을 찾았다면, 넓은 모래밭에서 금반지를 주운 것이나 다름없다. 운수대통인 격이다. 그것이 당신의 운명을 바꿀 천직이다.

03

나를 부자로 만들어 준 돈 되는 독서법

> "난로 불빛으로 책을 읽을 수는 없지만, 난롯불은 우리를 따뜻하게 하고
> 바닥의 먼지를 감추어 준다."
>
> _ 아일랜드 속담

사소하지만 소중한 것들

나는 지금 일하고 있는 회사에서 운명을 바꿨다. 두 권의 책을 출간하고 내 인생을 독자에서 작가로 위치를 바꿔 많은 기회가 내게 왔다. 15년 전 이곳에 올 때는 내 손에 단돈 만 원도 없었다. 창근의 차를 타고 이곳 시골까지 왔다. 양산에서 이곳까지는 왕복 2시간 반이 걸린다. 첫발을 내딛던 그 순간을 아직도 기억하고 있다.

그날은 날씨가 맑았다. 이력서를 들고 경기과로 들어가는 내 발걸음은

한없이 무거웠다. 홍차장님께 면접을 봤다. 차장님은 내 이력서를 보고, 단 한 번도 43세를 채용한 적이 없다고 말했다. 이곳 컨트리에 일하기 위해 골프를 배운 것이 아니었다. 상가 분양을 잘하기 위해, 부자를 만나기 위해 골프를 배웠다.

"나이가 많은데, 나이가 많은데." 하시며 한참 동안 망설였다. 차장님께 당당하게 말씀드렸다.

"저는 은행에 15년을 근무했고, 비서실에 4년 근무했습니다! 고객 서비스는 자신 있습니다!"

라고 말씀드렸다. 그리고 그날 기숙사에 방 배정을 받았다. 2개월 동안 교육을 받고 경기보조원이 되었다. 같은 방 배정을 받은 동생은 김미숙이었다. 미숙이는 이혼을 했다고 했다. 한방에 2명이 거주했다. 함께 마트에 장을 보러 가자고 했다. 나는 돈이 없어 그날 미숙이에게 삼만 원을 빌려 필요한 것들을 샀다. 2개월 뒤 번호를 받고 경기보조원이 되어 첫 라운딩을 마치고, 미숙이에게 빌린 돈을 갚을 수 있었다. 15년이 지난 지금도 미숙이에 대한 고마움은 잊지 않고 있다.

2개월 동안 교육한 서영란 마스터님과 최영은, 김나영에게 감사한다.

"다른 일을 해 보는 것은 어때요?"

라고 말한 동생과 함께 일하고 있다. 홍 차장님은 마음이 따뜻했다. 항상 "수고한다!"라고 말해주셨다. 그래서 명절이 되면 과일을 꼭 선물해 드렸다. 마스터님은 나와 동갑인 친구지만 어려운 사람이었다. 가끔 김밥을 싸주거나 김치를 담아주었다. 은혜를 알기에 10년 동안 설날과 추석, 크리스마스 날에는 주유권 10만 원과 과일 두 상자를 꼭 선물했다. 마스터님은 내가 경기보조원이 될 수 있도록 면접에서 묵인해 주어 이곳에 일할 수 있었다. 마스터님이 입사를 반대했다면 이곳에서 일하지 못했을 것이다. 지금은 퇴사해서 다른 일을 하고 있다.

여자는 약하지만 엄마는 강하다

이곳에 입사해 8년 동안 매일 두 번 일하는 투타임을 했다. 눈이 와도 일을 했고, 비가 와도 내 고객님이 취소하면 동생의 일을 두 번, 세 번 다시 받아 일했다. 1년 365일 중에서 5일 만 휴가를 냈다. 엄마 제사가 7월 7일인데 그날을 맞추어 가족이 모일 때 휴가를 냈다. 엄마 제사가 끝나면 병원에 가서 링거를 맞았다. 그동안 힘들게 일한 나에게 보상해 주고 싶었다. 3일 동안은 거의 집에서 일어나지 못했다.

비가 와도 일을 하는 나를 보고 "언니는 왜 휴가를 안 써요?"라고 동생이 물었다. 하지만 딸과 나는 미국 유학이라는 꿈이 있었다. 8남매 중 가장 형편이 어려웠지만 꿈만은 가난하지 않았다. 오빠는 가끔 내게 물었다. "노후 준비는 하고 있나?" 나는 내 노후를 걱정하지 않는다. 딸을 공부시키는 것이 중요했지 내 노후는 차후의 문제였다.

딸이 대학을 졸업하고부터는 무리하게 일하지 않았다. 나이에 비해 너무 많이 일하는 내 모습을 보고 사장님은 두 번 일하는 것을 금할 때도 있었다. 특히 땀을 많이 흘리고, 햇빛이 쨍쨍한 여름날에는 고객님들도 열사병으로 가끔 쓰러질 때가 있었다. 그럴 때면 '여름이 지나가면 열심히 일해야지!'라고 생각하고 가을이 오기를 기다렸다.

15년 동안 일하면서 단 두 명의 고객님과 충돌이 있었다. 시골이다 보니 고객님들은 순하고 착한 분들뿐이었다. 열심히 일하는 나를 보고

"20년 동안 골프를 쳤지만, 문수빈 씨만큼 일 잘하는 사람은 본 적이 없어요!"

라고 말해주신 고객님은 100명이 넘을 정도다. 특히 사모님들과 가족처럼 지냈기에 택배로 제철 과일이나 책 선물을 많이 했다. 골프화를 사

라고 10만 원씩 돈을 주신 사모님은 3명 정도 계셨다.

이곳에서 일하면서 고객님을 손님이라고 생각해 본 적은 없다. 내 인생의 은인이라고 생각했다. 그래서 항상 마음으로 절을 올리는 심정이었다. 고객님이 버디를 하지 않아도 커피와 예쁜 골프용품들을 고객님께 15년 동안 전부 다 드렸다. 로스 볼을 한 달에 20만 원 정도 사서 메이크별로 구분해 자주 오시는 고객님이 라운딩을 마치면 차에 넣어드렸다. 수고했다며 수고비를 많이 주시는 고객님에게는 볼 한 상자와 볼 마크, 줄 티를 사서 선물해 드렸다. 항상 감사하는 마음을 전했다.

이곳에서 일하면서 가난에서 벗어날 수 있었다. 내가 일한 만큼 돈을 벌 수 있는 곳이기 때문에 행복했다. 하루를 쉬면 15만 원이라는 돈이 사라지기 때문에 쉴 수가 없었다. 휴가를 내지 않고, 양산집에 가서 딸의 얼굴만 보고 다시 기숙사로 돌아오는 경우가 대부분이었다. 딸은 그런 엄마를 이해하지 못했다. 하지만 지금은 딸도 대학교에서 처음 만난 첫사랑 이 서방과 10년 동안 사랑을 키워 32세가 되어 결혼했다. 아이의 엄마가 되고 나면 나의 마음을 이해할 것이다.

직장을 꿈터라고 생각하는 순간, 인생이 바뀐다

이곳 직장에서 나의 모든 꿈을 이뤘다. 딸을 공부시켰고 작가, 강연가, 유튜버, 블로거, 1인 창업가로 젊은이들의 인생을 바꿔주는 일을 하고 있다. 처음은 서툴지만 5년이 지나면 나도 스승님처럼 영향력 있는 사람이 될 것이라고 자부한다. 사람들은 저마다 자신만의 무기를 가지고 있다. 자신의 지혜와 경험을 생각할 때 하찮고, 사소한 것이라고 치부할지도 모른다. 하지만 도움이 절실히 필요한 사람에게는 그 지식과 경험들이 한 사람의 인생을 바꿀 만큼 엄청난 힘을 발휘할 수 있다. 이곳에 일하면서 엄청난 에너지와 사랑을 받았다. 고객님들은 나의 진심을 알아주셨다. 내가 보이지 않으면 항상 나의 안부를 직원들에게 물어봐 주시고 안부를 전해달라고 하셨다.

배영환 사장님이 안 계셨다면 나는 15년을 일하지 못했을 것이다. 딸처럼 위해주시고, 더운 여름에 일하면서 쓰러질까 봐 항상 염려해주셨다. 작년 7월에는 월 천만 원에 도전한다고 30일 동안 매일 투타임을 해서 월 800만 원을 벌었다. 그것을 매일 블로그에 올렸다. 나의 한계가 어디까지인지 알고 싶었다. 하루를 살아내는 것을 블로그에 올리는 이유는 경제적 자유 인이 되고 싶은 간절한 마음 때문이다. 나는 책 쓰기와 1인 창업 수업료로 수 천만 원을 지급했다. 이제는 스승님의 가르침으로 경제적 자유 인이 될 수 있는 사람이 되었다.

　나를 부자로 만들어 준 돈 버는 독서법은 따로 있다. 100명의 성공한 사업가들의 아침 루틴을 그대로 따라 하고, 어깨를 당당히 펴고 서 있는 원더우먼의 포즈를 취해보라! 자신감이 20%는 상승할 것이다. 내가 성공한 사람이 되었다는 생각으로, 모든 것을 다 이룬 끝에서 시작하라! "나는 나폴레 온 힐이다! 나는 오프라 윈프리다!"라고 외쳐보라! 성공한 사람들과 동일시하는 것이 성공으로 가는 첫걸음이다.

　인생을 바꾸는 방법에는 자신감을 가지는 것이 으뜸이다. 인생을 바꾸고 싶다면 문수빈 작가에게 전화하기를 바란다. 010-5019-3548 당신을 독자에서 작가로 신분 상승시켜 줄 것이다. 이제 읽고 있던 책을 당장 덮어라!

　"당신의 책을 쓰라! 그러면 당신도 책 쓰기로 월 천만 원을 벌 수 있다!"

책 쓰기로 월 천만 원 버는 문쌤의 성공 비법 노트

사장 마인드로 살아가라

나는 직장생활 39년 동안 내가 직원이라는 생각으로 일을 한 적은 단 한 번도 없다. "나는 사장이다"라는 마인드로 지금껏 살아왔다. 그래서 출근도, 퇴근도 일하기 2시간 전에 출근하고, 2시간 후 퇴근한다. 일을 마치면 자기 계발을 위해 책을 읽거나, 책을 쓴다. 경매나 SNS 관련 강의, 유튜브를 키울 수 있는 강의 등을 공부한다. 작은언니는 화가이면서도 미술 학원에 60대의 나이에도 붓을 놓지 않고 있다. 내가 사장이기 때문이다.

04

목표를 잠재의식 속에 타투로 새겨라

"어디에 가고 있는지 어리둥절할 때일수록 정신을 바짝 차려야 한다. 엉뚱한 곳으로 갈지도 모르니까."

_ 요기 베라

분명한 목표

100억 원 재산가가 된다면 얼마나 좋을까? 생각만 해도 행복하다. 나는 경제적 자유를 얻는다면 딸과 친정 가족들과 세계 일주를 하는 것이 꿈이다. 3년 전 교통사고가 나기 전 두 번 교통사고가 있었다. 처음에는 고속도로에서 1차선으로 차를 옮기는 도중 뒤에서 달려오던 차와 충돌했다. 쌍방의 실수로 교통사고가 났다. 그날은 큰 형부가 돌아가셔서 진해 상가에 갔다가 경주콘도에 명절마다 가족들의 모임이 있어 큰언니와 함께 있지 못하고 경주로 가던 중이었다.

지금 생각하면 내 인생에서 가장 어려울 때마다 시외까지 찾아와서 딸의 돌잔치 음식을 해주고, 이사를 하면 식탁을 함께 사러 가고, 힘든 일이 있을 때마다 먼 곳까지 두 딸을 진해집에 두고 내 곁에 와주던 큰언니였다. 내 생각이 왜 그렇게 짧았는지 모르겠다. 차 앞 범퍼가 너덜너덜할 정도로 사고가 컸는데, 추석 명절이라 수리할 곳이 없어 그대로 차를 몰고 경주콘도까지 갔다.

내 꼴을 본 가족들은 많이 놀랐지만 그래도 몸을 안 다쳐 다행이라고 말했다. 두 번째 사고는 출근길에 고속도로에서 100km로 달려가고 있는데, 코너를 돌자 앞차들이 멈춰 서있는 것이다. 100km로 달리고 있는 차를 멈추려 해도 가속이 붙은 상태에서 차를 멈출 수 없었다. 매일 다니던 고속도로인데 차가 정체되어 있을 줄은 꿈에도 생각하지 못했다. 그대로 앞차와 충돌해 갈비뼈에 금이 갔다. 앞차는 뒤 범퍼가 다 찌그러져 엉망이 되고, 피해자에게 다친 곳은 없는지 재차 확인했다. 보험회사와 경찰을 불러 사고를 수습했다. 앞 운전자는 목만 조금 다쳤을 뿐 외상은 없어 천만다행이었다.

직장 상사에게 전화를 걸어 사고상황을 보고했다. "이제 정리하시죠?"라고 말했다. 나는 아직 직장을 그만둘 마음이 없는데 정리하라는 말을 듣고 다음 날 바로 출근했다. 갈비뼈에 금이 가서 많이 아팠지만, 한 달 동안 통근 치료를 받으면서 일을 했다.

김주혁 씨의 죽음으로 인생관이 바뀌었다

뉴스에서 영화배우 김주혁 씨의 사망 소식을 봤다. 그날 딸에게 전화해서 여행을 떠나자고 말했다. 다음날부터 제주도와 베트남, 태국을 여행하고 왔다. 사람은 죽으면 끝이라는 생각이 들었다. 나는 생각을 하면 바로 실행에 옮기는 사람이다. 나도 교통사고로 죽을 수 있다는 불안감이 몰려왔다.

여행을 통해 나를 되돌아보는 시간을 가져라

딸과 함께 25년 만에 처음으로 신혼여행을 갔던 제주도에 여행을 갔다. 딸과 함께 간 제주도 여행은 행복했다. 그날은 폭설로 오전 8시 출발 비행기가 연착되어 오후 4시에 출발을 했다.

폭설로 제주공항에 비행기가 착륙을 못 해 30분씩 공중에 떠 있기도 했다. 온 세상이 하얗다. 렌터카를 빌려 체인을 감고 고속도로를 달렸다. 마트에 가서 한라봉을 한 상자 사서 딸의 남자친구 집에 지금은 시부모님께 택배로 보냈다. 넓은 바다를 보면서 해물탕을 먹는 기분은 최고였다. 싱

싱한 해물과 생선구이를 맛있게 먹었다. 바닷가 근처에 숙소를 정해 잠을 잤다. 할머니, 할아버지가 운영하는 민박인데 겁이 나서 방문에다 책상과 의자를 쌓아두었다. 밤새도록 불안해서 잠을 제대로 자지 못했다.

다음 날에는 바다가 보이는 호텔에서 묵었다. 파란 바다가 참 아름다웠다. 내리던 눈도 그쳐 25년 동안 도시로 변한 제주도를 만끽할 수 있었다.

번갯불에 콩 구워 먹듯 베트남과 태국을 바로 여행을 떠났다. 베트남에 도착한 호텔 이름은 보라였다. 생각보다 깨끗했다. 호텔 옥상에는 수영장이 있었다. 수영복을 가지고 가서 아침 식사를 하고 딸과 옥상에서 수영했다. 딸은 승무원 준비로 속성으로 대학교 안에 있는 수영장 코치에게 수영을 배웠다. 베트남의 휴양지 리케 비치가 우리가 묵는 호텔 바로 앞에 펼쳐져 있었다. 엄청난 파도들이 우리에게 몰려왔다. 수영을 즐기는 인파가 많았다. 아름다운 원피스를 입고 온 딸에게 함께 사진을 찍고 싶다고 다가오는 멋진 남자도 있었다.

달구지를 타고 백화점에 가서 딸의 남자친구에게 줄 옷을 사고, 딸과 나는 핸드백을 하나씩 샀다. 베트남까지 왔는데 자신에게 선물 하나는 해야 한다고 생각했다. 음식도 한국 못지않게 맛이 있었다. 맛집만 찾아가서 그런지 요금은 한국 식사비와 비슷했다. 수영을 마치고 평생 처음으로 마사지를 받으러 갔다. 예쁜 꽃잎이 담긴 그릇에 두 발을 씻어주었다. 향기로운 꽃으로 씻어주니 행복했다. 마사지를 너무 정성스럽게, 시원하게 해주었다. 그 동안의 피로가 다 씻겨 내려가는 기분이 들었다.

정말 고마운 마음에 함께 사진을 찍자고 했다. 이름도 물어보고, 고객 설문지 카드에 칭찬 메시지를 남겼다. 달러로 팁을 주니 함성을 질러서 우리도 덩달아 행복했다. 유명한 절에도 갔다. 거의 한국 사람들이 절반이었다. 아름다운 전경 사진을 많이 찍고 왔다.

열심히 살아가는 베트남 사람들이 좋았다. 신호등도 없는 복잡한 거리를 서로 양보하고, 배려하며 수천 개의 오토바이가 한꺼번에 지나가는 것을 보고 60년대 우리나라 모습을 연상케 하는 것 같은 착각에 빠졌다. 베트남은 따뜻하고, 아름다운 사람들이 사는 나라라는 생각이 들었다. '딸과 다음에 꼭 다시 이곳에 여행 오리라' 다짐했다.

1주일 뒤 바로 태국으로 비행기를 타고 날아갔다. 베트남과 태국은 팁 문화가 성행했다. 여행 가방을 들어주고 팁을 받기 위해 가만히 서 있었다. 성실하게 봉급을 받고 사는 것이 아니라 팁 문화가 보편화되어 있었다. 택시를 타고 내려도 기사님이 팁을 주기를 기다렸다. 우리와는 너무도 생활환경이 달랐다. 배를 타고 아름답고 유명한 명소 사원들을 많이 구경했다. 화려하고 멋지게 지은 사원들이 너무 많았다. 부처님이 옆으로 누워있는 불상도 있었다. 그것을 찍어 유튜브에 올렸다.

딸과 여행을 다녀오고 난 뒤 혼자서 1주일 동안 캐나다 여행을 다녀왔다. 영어를 할 줄 몰라 입국 통관 인터뷰를 한국 사람인 앞사람에게 부탁했다. "직업은 무엇이고, 1주일 동안 어느 호텔에 머물 것이며, 가지고 있는 돈은 얼마인지?"를 물었다. 통관 인터뷰를 해준 사람이 나를 쳐다보며 '영어도 할 줄 모르면서 여행을 어떻게 왔나?'하는 의아한 표정을 지었다. 캐나다 항공사에 근무하는 남자 직원은 한국 사람이었다. 나를 보고 대단하다고 말했다.

캐나다에 도착해 구글 지도로 예약한 호텔을 찾아갔다. 저녁 8시에 캐나다에 입국했는데 밤12시가 되어 호텔에 도착했다. 폭설로 눈이 무릎까지 왔다. 호텔까지 택시비가 10만 원이 넘어 무거운 두 개의 캐리어를 끌고 호텔까지 걸어갔다. 날씨가 너무 추워 핸드폰에 노란색 위험신호를 알렸다. 호텔에 도착해 딸과 카톡으로 호텔지배인과 통화를 연결해 주었다. 절차를 마치고 무사히 호텔에 묵을 수 있었다. 1주일 동안의 캐나다 여행은 나에게 또 다른 도전 의식을 심어주었다. 캐나다에서 사 온 빨간색 면티는 매일 베개에 깔고 잔다. 내 인생 목표를 잠재의식 속에 타투로 새기기 위해서다. 스승님의 『기적 수업』 책은 3년 동안 매일 가슴에 안고 갔다. 내가 기적이 되고 싶기 때문이다. 나이아가라 폭포도 구경하고, 박물관과 대학교, 미술관도 구경했다. 두려움에 벌벌 떨며 가방을 가슴에 끌어안고 백화점을 쇼핑했다. 그래도 행복한 여행이었다. 나의 도전하는 모습을 유튜브에 모두 올려놓았다.

영화배우 김주혁 씨의 죽음으로 현재의 나의 삶이 얼마나 소중한 것인가를 알게 되었다. 3년 후 교통사고를 당했다. 죽음에 끝까지 갔다 오면서 내가 무엇을 하면서 살아가야 하는지 하나님이 나를 살리신 소명을 알게 되었다.

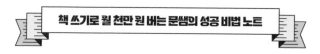

영화배우 김주혁의 죽음

나는 영화배우 김주혁 씨의 죽음으로 인해 25년 만에 딸 유나와 처음으로 여행을 떠나야겠다고 생각했다. 마음을 먹은 그 순간 제주도와 베트남, 태국을 여행하고 왔다. 26세에 신혼여행을 갔다 왔던 제주도에 딸과 함께 갔다 온 제주도 여행은 나에게 엄청난 행복을 안겨주었다. 남편과 둘이 갔었던 곳에 딸과 갈 수 있었다는 것만으로 도 가슴 벅찬 기적의 순간이었다. 여동생은 조카를 시험관 아기를 통해 낳았다. 그것도 3번의 실패를 통해 마지막으로 얻은 조카였다. 그래서 생명의 소중함을 누구보다 잘 알고 있다. 딸과의 해후는 기적이라고 생각한다. 32세가 되어 결혼해 행복하게 살아가고 있는 내 딸 유나가 있어 나는 정말 행복한 사람이다.

05

부자가 되려면 빠르게 실행하라

"용기란 두려워하는 것을 하는 것이다. 두렵지 않으면 용기도 없다."

_ 에디 리켄 배커

용기

선을 본 홍 님의 문자가 오지 않아 5일 만에 아침에 일어나 용기를 내서 안부 문자를 보냈다. 아무런 문자 없이 그 사람과 인연을 끝내고 싶지 않았다. 이별을 암시하는 묵인의 신호라고 느꼈지만, 마음도 없으면서 아침마다 엽서를 보내오는 그가 이상하게 느껴졌다. 하지만 여자의 촉은 빗나가지 않는다.

두 번밖에 만나지 않은 홍 님에게서 문자가 왔다. "내가 찾는 이상형이 아닙니다. 좋은 사람 만나 행복하세요." 나는 크게 바라는 것이 없다. 가끔 통화하고, 만나서 밥 함께 먹고, 가끔 여행 가는 정도의 친구가 필요했을 뿐이다. 도움이 필요한 나이도 아니다. 아직 건강하니 뭘 해도 먹고 살수 있다. 그는 부지런하고 현명하며 사려 깊고, 실패해보지 않은 삶을 살았다고 했다. 그가 찾는 이상형이 아니라고 하니 받아 드릴 수밖에 없다.

우리는 이미 축복받은 사람들이다

오랜 친구 문창근을 보내고 잊어보려 했다. 중간중간 떠오르는 기억들, 추억들을 되씹고 있다. 하늘나라로 떠난 사람은 이제 보내야 한다. 좋은 곳으로 보내 주어야 한다. 그래야 나도 살아간다. 창근을 만난 건 18년 전 내가 가장 경제적으로 힘들 때였다. 주식투자 실패로 핸드폰 비도 못내 딸의 핸드폰으로 고객님의 전화를 받을 때였다. 전기, 수도는 수시로 끊기는 그런 형편이었다. 라면으로 6개월을 끼니로 때운 적도 많다. 3일 동안 수돗물만 먹고 산 적도 있다. 오빠 집 근처 공원에서 몇 시간을 배회하며 용기를 내어 겨우 찾아가 "쌀 좀 달라."는 소리를 못 해 "김치 좀 주세요."라고 했었다. 김치도 얻지 못하고 그냥 돌아오는 길에서 얼마나 크게 소리 내어 울었는지 모른다.

집에 팔 수 있는 카메라, 노트북, 결혼예물은 헐값에 모두 처분한 지 오래다. 비닐도 뜯지 않은 노트북 180만 원 짜리는 20만 원에, 한번 밖에 사용하지 않은 50만 원이 넘는 카메라는 3만 원에 중고상은 나의 물건들을 낚아채듯 가져갔다. 뒤에 부산에서 양산 갈 1,400원 지하철 승차비가 없어 만 원을 송금해 달라고 동생 은숙에게 전화를 했다. 그 말을 듣고, 마산에서 양산으로 달려와 쌀 한 가마니와 전기장판을 사주고, 밀린 세금을 내주고 갔다. 동생에게 신세를 많이 졌다. 은숙이는 지금도 물고기 반지를 매만지며 매일 내가 잘되기를 기도한다.

TV도 나오지 않는 암흑 속에 딸은 오랜 시간을 묵묵히 견뎌주었다. 미친 듯이 살아가는 나는 딸을 챙길 정신도, 여력도 남아 있지 않았다. 매일 매일을 뭐에 홀린 듯 죽음만 생각하며 숨만 쉬고 있었다.

자동차 영업을 그만두고 양산 맥부동산에 급여를 받고 일할 때 만난 문숙자 언니의 소개로 창근을 소개받았다.

"부산대학을 나오고, 상가건물도 있고 착한 초등학교 동창이야! 한번 만나 봐!"

그를 부산 동래역에서 숙자 언니와 함께 만났다. 그와 횟집에 가서 식사했다. 이혼하고 6년 만에 처음으로 만나는 사람이라 매우 부끄러웠다. 쌈을 싸주는 그의 얼굴을 차마 쳐다보지 못했다. 식사하고, 양산까지 택시를 타고 집까지 바래다주었다. 부산 화명동 횟집에서 일하고 있다고 했다. 그는 창원에 있는 현대정공에 3년 근무한 것이 직장생활 전부였다. 아버지가 갑자기 풍이 와서 병간호하기 위해 직장을 퇴사했다고 했다. 그는 아버지에 대한 효심이 지극했다. 그의 아버지는 그때 돌아가셨다.

그가 평생을 살면서 존경한 사람은 두 사람이라고 했다. 현재 현대정공 전무님은 창근을 신입사원 때부터 눈여겨보셨다고 한다. 항상 곁에 데리고 다니셨다 한다. 66세가 되어서도 항상 그분 얘기를 내게 해주었다. 회사를 퇴사하고 표창장을 그의 집에 보내왔다. 그 상을 들여다보며 슬픈 표정을 짓 기도했다. 제품을 검사할 때 모든 상품의 포장 상자를 다 뜯어 확인할 만큼 그는 돈키호테 같은 사람이었다. 가슴은 따뜻하나, 머리는 냉철한 사람이었다.

신입사원이 감당하기 힘든 엄청난 금액의 사업 프로젝트를 성공시켰다고 했다. 30대 신입사원일 때 매일 새벽에 퇴근하고, 50대 현장 소장님들과 새벽에 일과 관련된 협의를 할 만큼 사고가 뛰어나고, 현 상황을 잘 대처하는 집사 같은 사람이었다. 창근은 "부자가 되려면 항상 빠르게 실행하라!"라고 내게 가르쳤다.

뉴스를 통해 지금은 전무님이 되신 걸 알게 되어 창근에게 말해주었다. 그는 아버지를 항상 존경했다. 아무 말이 없어도 그의 어려운 점을 항상 살펴보시는 마음 따뜻한 아버지였다고 한다. 양산에 논을 사서 아버지와 농사를 함께 지었던 그때가 창근의 인생에서 가장 행복했다고 나에게 말해주었다.

그는 대학교 때 사랑한 여학생이 있었다. 사랑에 빠져 감정을 주체할 수 없는 자신이 싫어 군대를 지원해서 갔다고 했다. 군 복무를 마치고 사랑한 여학생을 만났을 때 마음에도 없는 말을 했다고 한다.

"다시는 연락하지 마라."

마음에도 없는 그 말을 한 것이 평생 후회가 된다고 내게 말했다. 그가 학교도서관에 앉아있으면 항상 자신 앞에 서 있던 여학생과 결혼을 했다. 아들과 딸을 낳고 이혼했다. 지금은 아들과 딸이 성인이 되어 아빠가 없어도 인생을 잘살아가고 있다. 아들은 나름대로 멋진 인생을 살아가고 있다. 중국에 교환학생으로 공부를 하러 가기도 하고, 자신의 몸을 보디빌더로 멋지게 만들기도 했다. 잘생기고 멋진 청년으로 성장해 대견했다. 딸은 S기업 본점에 근무하고, 남편은 H기업 연구원으로 일하고 있다. 아빠를 닮지 않아 다행이다. 하지만 창근 역시 평생을 살면서 남에게 피해 한번 준 적이 없다. 법 없어도 살아가는 착하고 마음 따뜻한 사람이었다.

이제는 인연의 끈을 놓아야 할 때

그가 이 세상을 떠나기 전 내게 꼭 읽어보라고 한 책은 『노인과 바다』와 『돈키호테』였다. 그는 고등학교 3년 동안 2시간 거리에 있는 학교에 다니면서, 공부 대신 역사책만 읽었다고 했다. 그가 귀중한 말들을 적어 내게 남겨주었다. 그것을 내 블로그에 올려놓았다. 하지만 아직 그 두 권의 책은 다 읽지 못했다. 책장이 잘 넘어가지 않았다.

가끔 부산 추모공원에 찾아가 그가 좋아했던 것을 주곤 했다. 지금은 말이 없는 사람이지만 얼마 전 꿈속에서 내게 김밥을 싸주었다. 꿈속에서까지 나를 챙기는, 내 인생의 은인 문창근에게 감사한다. 그는 항상 내게 전화를 해주었고, 필요한 것을 사주었다. 이사를 하면 TV와 선풍기를 사주었다. 직장생활에 바쁜 내가 TV를 볼 시간이 없는데도 항상 사다 주었다. 하지만 세상과 인연을 끊고 항상 술로 외로움을 달랬다. 자신 속에 갇혀 더는 한 발자국도 세상 밖으로 나가지 않았다. 30년을 그 자리에 머물러 살았다. 그는 세상에 아무런 미련이 없는 듯, 허무한 인생을 살다가 66세라는 아까운 나이에 심장마비로 이 세상을 떠났다.

돌이켜볼 때 나를 사랑했던 사람은 단 두 사람뿐이었다. 운명 고휘찬과 문창근 둘 뿐이었다. 그래도 이 세상에 태어나 두 번이나 사랑을 받아

보았으니 나는 행운아다. 내가 요즘 주로 보는 TV 프로그램은 〈나는 솔로〉인데 그 프로그램에 참여하는 사람들은 모두 능력 있고, 매력적인 사람들로 자신의 반쪽을 찾지 못해 프로그램에 참여한 것이다. 방송을 보면서 아무것도 잘난 것 없는 내가 이렇게 서러워할 이유는 없다고 생각했다. 내 나이가 이제는 인생을 마무리할 때다. 나 자신을 사랑하고, 남을 위해 도움을 줄 수 있는 사람이 되는 것, 내가 살아온 지혜를 남에게 베풀며 살아가는 것이 이제 남은 10년을 잘 사는 것이다.

사람은 결혼해도 혼자고, 사랑해도 외로운 것은 사실이다. 인간은 죽을 때까지 사랑을 갈구하고, 사랑하면 이별을 원하고, 이별하면 또 사랑을 원하는 청개구리 같은 습성이 인간이다. 이 외로움을 떨쳐버리고, 남을 향한 시선이 아닌 오롯이 나를 사랑하며, 나를 예뻐하며 올 한 해를 살아볼 생각이다. 처음으로 세상에서 내가 가장 예뻐 보이고, 사랑스럽다. 그래서 5명의 카톡 자매 방에 내 사진을 수시로 올린다. 큰언니가 말한다.

"쓸데없이 사진 좀 올리지 마라." 나는 그냥 피식 웃는다.

책 쓰기로 월 천만 원 버는 문쌤의 성공 비법 노트

이제는 인연의 끈을 놓아야 할 때

창근이 이 세상을 떠난 지 10개월이 지났다. 그가 없으면 살 수 없을 것 같은 마음은 사라지고, 이제는 내 일이 바빠 추모공원에 가본 지 오래다. 그를 잊기 위해 가지 않는 이유도 있다. 인연의 끈을 놓아야 내가 살아갈 수 있다. 산 사람은 살아가야 하기 때문이다.

06

당신의 책을 쓰라, 운명이 바뀐다!

"인간이 신에게 가까이 갈 수 있는 사다리는 행동의 사다리다."

_ 숄럼 아시

먼저 행동하라

강남구 사장의 책을 보고 많은 꿈을 꾸게 되었다. 58년을 살면서 느꼈던 삶의 지혜를 네이버 카페 〈역행자 학교〉와 블로그 〈역행자 스터디카페〉를 열어 젊은이들에게 도전과 야망을 심어주고 있다. 사람은 야망이 있어야 인생이 바뀌고, 자기 계발을 아무리 많이 해도, 자신의 책을 써야 운명이 바뀐다.

자기 계발의 끝판왕은 책 쓰기다. 자신의 책을 써서 브랜딩하고, 지혜를 판매하는 1인 창업가로 살아가는 것 외에는 우리의 평범한 인생을 바꿀 수 없다. 현재 책을 쓰고 있는 최지선님 책을 쓸까? 말까? 고민하는 김행복 님, 마은주 님은 자신이 책을 쓰면 운명이 어떻게 변할지 모르는 사람들이다. 책을 쓰면 TV 출연과 라디오 출연, 월간지, 신문사 인터뷰 등 엄청난 인생의 기회가 쏟아진다. 카톡 문자나 전화로 인생을 상담하기도 하고, 작가를 만나러 먼 곳에서 기꺼이 찾아온다.

"당신의 책을 쓰라! 운명이 바뀐다!"

자신이 살아낸 지혜와 경험을 필요로 하는 사람들에게 고가로 판매하는 1인 창업가가 되어야 한다. 공짜로 경험과 지혜를 주면 그 비싼 귀한 보석을 알아보지 못한다. 그래서 나의 스승님은

"돼지에게 진주 목걸이를 걸어주지 마라!"

라고 귀한 말씀을 우리에게 남기셨다. 내가 살아온 눈물과 아픔으로 얻은 지혜를 헐값으로 넘기지 마라. 그것을 필요로 하는 사람들에게 고가로 삶의 지혜를 알려주면 되는 것이다.

큰 꿈을 꿔라! 그래야 크게 이룬다!

강남구 님은 20대에 영업으로 성공을 이루었다. 하지만 사업 실패를 딛고 현재 〈작심 스터디카페〉로 엄청난 사업가가 되었다. 나 역시도 처음은 미비할 수 있으나 내가 할 수 있는 범위 내에서 〈역행자 스터디카페〉를 만들어 갈 생각이다.

사람의 운명은 그 누구도 알 수 없다. 나는 가장 어려운 시기에 매일 죽음을 생각하며, 마지막으로 부산 서면 철학관에 가서 '죽어야 하는지, 살아야 하는지'를 물어보러 갔었다. 아무리 죽으려 애를 써도 내 목숨이 끊어지지 않았다. 그래서 문득 떠오른 생각이 철학관에 가서 물어보자는 것이었다.

인생에 한 번은 나와 마주할 때

내 마음이 닿는 대로 지하철을 타고 부산 서면에 가서 내렸다. 내린 그 자리에서 가장 가까운 곳에 있는 철학관에 도착해 가보았다. 계단을 올라가 가정집에 있는 철학관이었다. 70세로 보이는 할아버지가 계셨다.

"뭐 좀 물어보러 왔습니다."

죽음으로 가득 찬 눈빛을 하고 할아버지에게 내 사주를 물어보았다.

"100억 원 재벌 사줍니다!"

지금까지 살면서 100억 원 재벌 사주라는 말은 처음 들어본다.

"선생님 사주입니다."

라는 것이 가는 곳마다 하는 말이었다. 전남편이 고등학교 국어 교사였으니 내 사주대로 산 것이라고 말하는 사람도 있었다.

철학관 할아버지는 사람들의 눈빛만 보아도 무엇을 생각하는지 아는 사람이다. 내가 죽음의 눈빛을 하고 있으니 '이 사람을 살려야겠구나!' 하는 생각을 하셨을 것이다. 나는 순진하게 그 말을 믿고, 앞만 보고 25년 동안 열심히 살아왔다. 할아버지로 인해 다시 한번 살아보자고 마음을 고쳐먹었다.

지금 일하고 있는 골프장에 경기보조원으로 15년을 일했으니 안 죽길 정말 잘했다는 생각이 든다. 오랜 친구 창근을 만나 행복한 삶을 살았다. "이만하면 다시 살길 정말 잘했다." 지금 부산철학관 할아버지는 100세가 되어 돌아가셨다. 선의의 하얀 거짓말로 나를 이 세상에 살게 한 사람이다. 그때 만약 솔직하게 알려주는 사람을 만났다면 나는 이 세상에 없었을 것이다. 25년이 지나 철학관 할아버지에게 감사의 인사를 전한다. 하늘에서 내가 잘살아가고 있는 모습을 보시고 흐뭇해하실 거다.

잘될 운은 내가 만드는 것이다

오늘 아침 타로 정회도 님의 책 『운의 알고리즘』을 읽었다. 어떤 사람은 기도가 잘되어 빨리 그 해답을 받는 사람이 있다는 글이 있었다. 나는 가끔 내가 노력하는 것보다 많은 결과를 내고, 가끔 작은 성공을 많이 한다는 생각이 들었다. 내가 은행원이 된 것도 3년의 기도로 은행원이 되었다고 생각한다. 나는 단순한 사람으로 목표를 정하면 다른 생각은 하지 않고, 한 곳만 바라보고 달리는 성향을 가지고 있다. 그 일에만 몰두하는 습성을 가지고 있다. 그래서 누구보다 열정적이고, 목표를 위해 잠을 포기하는 성격이다. 그래서 내가 목표한 것을 이루지 못한 것은 없다.

지금도 14일 만에 100페이지의 원고를 완성했고, 3번의 원고 수정작업을 하고 있다. 2024년 1월 30일에 미다스북스 출판사에 원고를 투고할 목표로, 회사 일을 동생에게 넘기고 6일째 원고수정을 하고 있다. 양산 스타벅스에 오후 3시에 와서 오후 10시까지 7시간씩 한자리에 앉아 수정

작업을 하고 있다. 이틀을 계속 이렇게 앉아 있어서 어제는 몸에 무리가 와서 온종일 쉬어야 했다. 체력이 내 마음을 따라가지 못하고 있다.

나는 남들과 다른 열정을 가진 사람이다. 내 발로 뛰고 남이 시키지 않아도, 사장 마인드로 삶을 살아가는 사람이다. 나는 여자들과 일하는 것보다 남자들과 경쟁하며 일하는 것을 더 선호하는 사람이다. 나는 여자이면서 동시에 남자의 성격을 가진 두 얼굴을 가진 사람이다.

결심만 하면 이루지 못할 꿈은 없다.

2024년에는 결혼하는 것이 목표다. 만약 결혼하지 못하면 내 인생 마지막 목표인 미국으로 갈 것이다. 그것이 내가 살아갈 방향이다. 해야 하는데 하면서 후회만 하다가 죽고 싶지 않다.

남들은 내 목표가 무모하다고 한다. 하지만 나는 남은 10년은 미국에서 살고 싶다. 미국에 가는 방법은 천천히 생각해 볼 것이다. 이루고 싶은 꿈은 항상 가까이에 해답이 있다. 몸과 정신이 건강하다면 못 이룰 꿈은 없다.

"사람은 꿈꾸는 자와 꿈을 꾸지 않는 자로 구분된다."

부산 철학관 할아버지의 하얀 거짓말

나는 부산 철학관 할아버지의 하얀 거짓말 때문에 25년을 살아온 사람이다. 남편과 이혼하고, 주식투자 실패로 신용불량자의 삶을 살고 있었다. 주식은 라면으로 때우고, 그것도 없어 딸과 3일 정도 수돗물만 먹은 적도 있다. 전기와 수도는 이미 끊긴 지 오래되었다. 집안에 팔 수 있는 결혼예물 반지, 시계, 목걸이, 노트북, 카메라 등 180만 원이 넘는 비닐도 뜯지 않은, 한 번 키보드만 두드린 노트북은 단돈 20만 원에, 50만 원이 넘는 카메라는 단돈 3만 원에 중고상이 낚아채듯 가지고 갔다. 그것도 없으면 밥을 굶어야 했다. 전기도 들어오지 않아 딸은 냉골 집에서 눈만 껌뻑이고 살았다. 학교에 어떻게 갔는지? 준비물은 어떻게 챙겼는지? 나는 알지 못한다. 그때 나는 죽음의 그림자만 부둥켜안고 살았다. 세월이 지나 25년이 흐른 뒤 딸이 나에게 말했다. "돈이 없어서 피자집 전단을 아파트에 붙였어." 아무런 감정 없이 툭 내뱉은 그 한마디는 내 심장을 도려내는 아픔을 느꼈다.

4장

신용불량자,
책 쓰기로
억대 연봉자가 된 비결

01

내 인생을 통째로 바꾼 한 가지

🪶

"창가에 덮은 얼음꽃이 따스한 햇살에 녹는 것처럼, 사람은 역경을 통해 서로 가까워지고 서로의 관계 속에서 아름다움과 조화를 피워낸다."

_ 쇠렌 키에르케고르

역경에서 배우는 것

나는 44번이라는 번호의 징후로 미래를 조금 볼 수 있는 사람이다. 3년 전 교통사고가 나기 전, 한 달 동안 내 앞을 지나가는 차 번호 44와 시곗바늘이 멈춰 있는 초심이 44분, 핸드폰 화면에 보이는 시간이 44분인 경우가 100번은 족히 본 것 같다. 그래서 중국에 여동생이 살고 있었을 때 내가 말했다.

"은숙아! 뭔 일이 생길 건가 봐! 계속 44번이 눈에 보여 한 달 동안

44번이 달린 차 번호를 100번은 본 것 같아!"

출퇴근길에 고속도로를 달리면 44번이 눈에 자꾸만 들어왔다. 사고가 난 날은 폭우가 왔다. 그날은 비가 와서 일이 되지 않아 공원 공중화장실에서 유튜브를 찍고 있었다. 나는 징크스가 손가락에 피가 나거나, 머리를 벽 모서리에 박으면 그날은 어김없이 무슨 일이 생긴다. 일과를 마치고 이제 별일이 없겠지? 라고 생각하면 큰 오산이다. 밤 12시가 되어서도 무슨 일이 꼭 벌어진다.

불행은 한꺼번에 몰려온다

그날은 기분이 좋지 않았다. 머리를 벽 모서리에 쿵! 하고 박은 탓에 양산집에 돌아가는 것을 오후 6시까지 늦췄다. 오후 6시가 되어서도 마음이 놓이지 않아, 시간을 더 끌기 위해 회사까지 가서 화장품을 가지고 나오기도 했다.

"이제는 안 좋은 일이 비껴갔겠지?"

안 좋은 일이 나를 비껴갔을 것으로 생각하고 양산집으로 차를 몰았다. 5분쯤 지났을 무렵 타이어 펑크가 나는 소리가 들렸다. 아니나 다를

까? 징크스는 나를 비껴가지 않았다. 비가 억수같이 쏟아지는 가운데 고속도로 중간쯤에 차를 세워두고 H해상에 전화를 걸어 타이어 교체를 요청했다. 시골길이라 30분이 지나 기사님이 도착했다.

"자형 상가에 갔다 오는 길이라 늦었습니다."

나는 4년 전 큰언니 형부 상가에 갔다 오는 길에 교통사고를 당했다. 마음속으로 기분이 썩 좋지 않았다. 기사님께 우산을 받쳐주면서 타이어를 교체했다. 나는 비가 오면 목감기가 쉽게 걸리는 사람이다. 온몸이 어실어실 추웠다. 감기가 왔다.

타이어를 교체하고 천천히 차를 몰고 갔다. 한 시간쯤 달렸을까? 1차선으로 가고 있던 내 차를 2차선으로 달리던 60대 부부가 탄 차가 내 차를 그대로 박았다. 고속도로에서 내 차는 몇 바퀴를 뒹굴었는지 모른다. 가드 라인을 박고 그대로 처박혔다. 그 자리에서 내 차는 폐차되었다. 나는 부산에 있는 병원으로 이송되었다.

옆 차가 내 차를 박는 순간 그 찰나에 '이렇게 죽는구나.'라는 생각이 들었다.

목과 다리를 다쳐 1년 6개월 동안 병원 치료를 받아야 했다. 일하지 못해 경제적으로 너무 어려워졌다. 하지만 그 사람을 원망했지만, 교통사고로 병원 치료를 받는 동안 유튜브를 통해 스승님을 만나 인생을 역전시켰다.

"행복은 불운을 입고 오고, 불운은 행복을 입고 온다."라는 중국 속담이 있다.

교통사고의 불운은 내 인생을 통째로 바꿔준 계기가 되었다. 100년을 살아도 못 바꿀 나의 인생을 바꾸어 주었다.

불행은 불행인 줄로만 알았다. 하지만 손바닥 뒤집듯 불행은 불행의 얼굴을 과장한 축복이었다. 모든 사람은 가난을 불행이라고 생각한다. 하지만 그 가난으로 인해 가난을 벗어나기 위해 발버둥을 침으로 인생이 역전되는 것이다. 가난이라는 불행의 선물은, 판도라의 상자처럼 열어보는 순간 내 운명을 바꾼다. 가난한 자만이 그것을 경험할 수 있고, 그 가난을 축복으로 바꿀 수 있는 저력을 가지고 있다. 나는 제자들에게 "더 많이 실패하라!"라고 가르친다. 왜냐하면 실패해 본 자만이 성공의 문을 열 수 있기 때문이다.

아무것도 하지 않고 살아가는 사람은, 실패를 경험할 여건을 만들지 못한다. 억지로 실패할 수 없듯이 우리 인생은 단 한 번뿐이므로 많이 실패해봐야 성공의 기회를 잡을 수 있다.

"젊은이여! 적은 비용을 들여 많이 실패하라!"

그것이 인생을 역전시키는 비결이다.

나도 이제는 결혼하기 위해 선을 봤다. 66세로 자녀들은 결혼을 다 했고, 규칙적인 생활을 하는 사람이었다. 해병대 출신으로 제대를 하고 신발 사업 등 많은 실패를 해봤다고 했다. 비가 오면 운전하는 것이 겁이 났다. 약속 전날 폭우가 내려 약속을 미루고 싶었지만, 양산에 도착하니 비가 그쳤다. 데이트를 마치고 양산으로 돌아오는 길에 계속 자동차 번호44가 눈에 들어왔다. 심지어 44번호를 단 자동차 두 대가 나를 호위하며 지나갈 때도 있었다. 그때부터 기분이 이상해 깜박이를 켜고 고속도로를 60km로 기어서 왔다. 양산에 도착하니 여동생이 전화했다. 전화를 받으며 더 천천히 운전했다. 그런데 우리 집을 1분 정도 지적에 남겨두고 부산대 양산병원 사거리에서 꽝! 하는 괴음이 들렸다. 내 앞에서 자동차 3대가 삼중 충돌을 일으켰다. 건너편에서 차 한 대가 빨간 신호를 무시하고 미친 듯이 달려왔다. 주차하고 서 있던 내 앞차 두 대의 차 중간으로 파고들어 와 두 대를 동시에 박은 것이다. 사고가 나기 전 1주일 전에 돌아가신 아버지가 이틀 동안 꿈에 나오셨다. 그래서 나는 운전을 항상 조심했었다.

꿈은 신이 주신 판도라의 상자

나는 꿈이 잘 맞다. 징크스도 잘 맞고, 직감이 뛰어나다. 돈이 들어오는 꿈을 꾸면 꼭 6개월 안에 큰돈이 들어온다. 우리 가족들은 좀 이상하다. 큰언니, 나, 여동생, 그리고 내 딸의 꿈은 적중률이 높다. 중국에서 살다 온 여동생은 2년 전 중국에서 꿈을 꾸었다.

"엘리베이터 안이 온통 똥이었어!"

라며 전화가 왔다. 나도 꿈속에 넓은 바다가 수시로 보이는 때였다. 꿈속에 파란 바다가 보이면 큰돈이 들어오기도 했다. 1년 동안 중국에서 여동생은 복권을 꾸준히 샀었다. 그리고 나는 꿈속에서 돌아가신 엄마가 돈뭉치를 주는 꿈을 꾸고 한 달 동안 복권을 샀었다. 그 뒤 진해 태백동 10번지 우리 친정집이 재개발되어 여동생의 통장에 1억 원이 입금되었다. 8남매가 천만 원씩 나눠 가졌다. 꿈은 우리에게 미래를 미리 알려주는 축복의 선물이다.

딸 결혼식 전날 큰 악어 두 마리 꿈을 꾸었다. 맞선을 볼 때 연예인 서장훈과 팔짱을 끼고 걷는 꿈을 꾸고, 서울대를 나온 남자를 만났다. 백마 꿈을 꾸고 40억 원 재산가를 만났고, 금붕어 꿈을 꾸고 전기 전자 공학 박사를 만나봤다. 15년 전에는 보라색 채소 가지 꿈을 꾸고 6개월 뒤 오천만 원이 들어왔다. 내 꿈은 항상 결과가 있어 기대된다. 돈이 들어오지 않으면 계속 내 인생에 좋은 일이 생긴다는 신호다.

나는 58년을 살면서 노무현 대통령 꿈 2번, 박근혜 대통령 꿈, 김영삼 대통령 꿈, 문재인 대통령 꿈, 김정은 꿈을 꾸었다. 평생을 살면서 대통령 꿈을 이렇게 많이 꾼 사람이 있을까? 아마 없을 것이다. 대통령 꿈을 꾸고, 큰일이 일어나지 않은 적은 단 한 번도 없었다.

책 쓰기로 월 천만 원 버는 문쌤의 성공 비법 노트

신이 주신 나의 직관

나는 신을 믿는다. 그리고 나는 꿈을 믿는다. 나는 꿈으로 미래를 볼 수 있기 때문이다. 부산 서면에 70세로 타로를 보는 언니가 있다. 언니는 10년째 양산에서 부산에 출근하고 있다. 남편이 암으로 10년째 투병 중이라 뭐라도 해야 한다고 생각해 타로를 배워 일하고 있다. 언니의 얼굴을 보면 아무런 근심도 없는 사람처럼 보인다. 마음고생 한번 안 해 본 우아한 사모님 얼굴이다. 타로를 설명할 때 아주 자세히 설명해 준다. 하지만 무리해서 고객을 만나지는 않는다고 했다. 적당히 벌 정도만 일한다고 했다. 신의 영역인 천기를 언니 마음대로 누설하고 싶지 않다는 이유에서다. 택시 기사님이 돈에 눈이 멀면 건강을 잃듯이, 타로 역시도 적정선에서 일을 마감할 줄 알아야 한다고 내게 말했다. 언니에게 물었다. "올해 결혼해도 될까요?"라고 물으니 "편하게 혼자 살아라!"라고 답을 주었다.

02
누구에게나 멘토가 있다

"기회란 강력하다. 항상 낚시 바늘을 던져두어라. 전혀 기대하지 않았던 물구덩이에서 물고기가 낚일 테니."

_ 오비드

기회는 잡는 사람의 몫이다

사람의 운명은 내 옆에 지금 누가 있는가? 로 그 사람의 운명이 바뀐다. 나는 은행 비서실에서 송국헌 감사님을 만나고 내 운명이 바뀌었다고 생각한다. 감사님을 만나기 전 마산여상 야간 고등학교에 다니면서 1학년 담임 정중규 선생님을 만나서 첫 번째로 인생이 바뀌었다. '서기'라는 직책을 내게 맡겨주셔서 자존감이 없던 내가 나를 남에게 드러내는 기분을 처음으로 경험했다.

'서기'라는 직책은 반장이 회의하면, 칠판에 회의내용을 적거나 회의록에 그날 회의내용을 정리하는 일을 한다. 초등학교, 중학교에 다니면서 존재감이 1도 없이 살아오다가 고등학교 1학년 때 서기직책은 내가 엄청난 감투를 쓰고 있는 듯한 착각을 불러일으켰다. 중학교 3학년 때부터 머리가 트여 암기가 절로 되었다. 고등학교 때 영어와 수학을 제외하고는 모든 과목을 만점을 받을 만큼 나는 공부가 잘되었다.

진해 조선소 급사로 일하면서 학교에 다녔기에 공부할 시간이 부족했다. 시험 기간에는 새벽 4시까지 공부를 했다. 잠을 쫓기 위해 한겨울에 선풍기를 틀어놓고, 찬물에 발을 담그고 공부를 했다. 시험을 치는 중간 쉬는 시간 5분 동안, 잠시 책을 보는 그 순간 모든 책 내용을 다 외울 정도로 머리가 핑핑 돌아갔다. 그때는 공부가 어려운 것이 아니라 나에게는 즐거움이었다. 교련 시간에 야구 시험과 일본어 시험도 만점을 맞을 정도였다.

내 인생에서 나 자신을 사랑하게 된 것은 그때가 처음이었다. 자신감과 자존감을 끌어내 주신 정중규 1학년 담임선생님, 박정규 선생님, 윤영자 영어 선생님, 허영 3학년 담임선생님, 심영일 타자 선생님께 머리 숙여 감사드린다. 사람은 누구를 만나느냐에 따라 인생이 바뀐다. 나는 멘토를 만나 운명을 바꿨다. 누구에게나 저마다 자신의 인생을 바꿔준 멘토가 있다.

내 인생의 첫 번째 멘토를 만나다, 35년의 인연

두 번째 내 운명을 바꿔주신 분은 송국헌 감사님이셨다. "뭐든 잘한다! 뭐든 최고다!"라고 말씀해 주신 분이시다. 4년 동안 모시면서 단 한 번도 업무상 화를 내신 적이 없다. 오히려 부모님이 돌아가셨을 때 진해 우리 집까지 와 주셨다. 내가 결혼식을 할 때도 축하금을 백만 원을 넣어주셨고, 마산문화원 결혼식장에 서울에서 사모님과 함께 내려와 축하해 주셨다. 시외로 발령이 났을 때도 사모님과 먼 곳까지 찾아와 50만 원 수표를 주고 가셨다. 은행을 퇴사하고 딸이 초등학교를 입학할 때도 가방을 사라고 통장에 50만 원을 넣어주셨다. 은행을 퇴사한 지 25년이 지난 지금도, 딸 결혼을 할 때 축하금 30만 원을 송금해 주셨다.

딸 결혼식이 끝나고 분당에 있는 감사님을 뵙고 음식 대접을 해드리고 싶었다. 25년이 지나 감사님을 뵙고 싶었지만 선약이 있다고 하셔서 뵙지 못하고 돌아왔다. 감사님을 만나 엄청난 은혜를 입고 살았다. 아직 단 한 번도 은혜에 보답하지 못했다.

은행을 명예퇴직하고 컨트리 경기보조원으로 이곳에 15년을 근무했다. 딸의 공부를 마치고, 김미경 강사님의 유튜브 영상을 보면서 강사의 꿈을 키웠다. 그래서 부산리드 강사학원에 등록해 1개월 수업을 받고 강사 자격증 4개를 취득했다. 사람은 누구를 가까이 두느냐에 따라 직업이 바뀌기도 하고, 인생이 바뀌기도 한다.

김미경 강사님께서 "책을 써서 가지고 있어라."라는 말씀을 듣고, 한 달 동안 업무를 마치고 300페이지가 넘는 나의 인생 이야기를 A4용지에 담아서 차 운전석 밑에 대 봉투에 넣어 다녔다. 모든 일은 연결되어 있다. 교통사고로 병원에서 치료를 받던 중 스승님을 유튜브를 통해 만나게 되었다. 책 쓰기 1일 특강을 한다는 것이다.

책 쓰기 6주 과정과 1인 창업 전 과정을 신청해 매주 비행기를 타고 서울로 올라가 수업을 받았다. 한 달 동안 원고를 써서 미다스북스와 함께 하신 명상완 실장님을 만나 『나의 행복을 절대 남에게 맡기지 마라』, 『금은보화 금고 열쇠』가 세상에 나오게 되었다. 스승님과 명상완 실장님을 만나지 못했다면 나는 작가가 되지 못했을 것이다. 그저 평범한 인생을 살았을 것이다.

나는 꿈에 선몽을 잘하는 사람이다. 집 천장에서 비가 많이 새는 꿈을 꾸고 복권을 두 장 사러 갔다. 2024년 새해가 밝아 새해 신수도 볼 겸 끝리는 절에 가보았다.

　매일 출근할 때 이곳을 지나던 곳이었는데 오늘 처음으로 내 눈에 들어왔다. 전화를 걸어 들어가도 되는지 물어보았다. 80세 할머니가 나오셨다. 할머니는 마산에 살다가 이곳에 2년 전에 이사를 왔다고 했다. 예쁘고, 깔끔하고, 아기자기하게 꾸며놓은 집이 참 보기가 좋았다.

　어제 선본 사람에게 퇴짜를 맞은 이야기와 미국으로 가도 되는지 물었다. 할머니는 그 사람은 인연이 아니라고 잘 헤어졌다고 했다. 미국으로 가라고 말해주었다. 나도 공줄이 세다는 말을 많이 들었다. 엄마는 미래를 볼 줄 알았고, 외할머니는 신이 와서 항상 장독대에 정수 물을 떠 놓고 비셨다.

　"항상 좋은 일이 있으면 꿈으로 알려주고, 직감이 맞는 사람이다. 마음이 시키는 대로 살아가라!"

　라고 말해주었다. 올해 5월에는 좋은 인연을 만나게 된다고 했다. 나는 내 운명이 항상 궁금했다. 그분들은 신의 힘을 빌려 천기누설을 하는 사람이다. 신을 믿지 않는 사람들도 많이 있다. 하지만 나는 내 꿈이 항상 잘 맞고, 내 직감이 맞아 신의 영역을 믿는 편이다.

나의 스승님 유튜버 김도사 님을 만나 월 천만 원에 도전하게 되었다. 스승님을 만나지 않았다면 큰 야망을 품지 못했을 것이다. 스승님을 만나 큰 꿈을 꾸게 되었고, 모든 일에 겁 없이 도전 하게 되었다. 아무 일도 하지 않고 후회하는 바보 같은 인생은 살지 않는다.

사람은 누군가를 만나느냐에 따라 운명이 바뀐다. 나만 보더라도 멘토님들로 인해 엄청나게 변한 인생을 살아가고 있다. 끝없이 도전하고 실패하고, 오뚜기처럼 벌떡 일어나 다시 도전하고 있다.

이처럼 내가 무모하리만큼 겁 없이 도전할 수 있는 사람이 된 것은 멘토님들의 출발이 나와 똑같은 흙수저였기 때문이다. 누구보다 가난했고, 누구보다 어려운 환경 속에서 무에서 유를 창조한 멘토님들이기에 끝없이 도전하며 살아가게 되었다.

사람은 누구를 만나느냐에 따라 인생의 성패가 갈린다. 멘토님들이 걸어간 그 길을 묵묵히 10년만 걸어간다면 성공하지 않을 사람은 아무도 없다.

송국헌 감사님은 내 인생 첫 번째 멘토님이다

송국헌 감사님은 23세에 은행 비서실에서 모셨던 분이다. 처음에는 최 상무님, 김 상무님, 이 상무님을 모시다가 송국헌 감사님 비서가 되었다. 감사님은 충청도에서 태어나 서울대를 졸업하고, 서울은행에 근무하시다가 경남은행을 설립한 창립 멤버로 경은 규정집을 만드신 분이시다. 아버지는 서울대 교수이자 화가시다. 지금은 돌아가셨다. 감사님은 수필가셨다. 그래서 가끔 직접 쓰신 수필 원고를 마산 MBC 방송사 직원에게 전달해 주기도 했다. 감사님은 엄하면서도 따뜻한 성품을 가지셨다. 하지만 4년을 모시는 동안 내게 단 한 번도 화를 내신 적은 없다. 감사님의 딸 보금 님의 이름을 따서 딸을 보영으로 이름을 지을 만큼 감사님은 내 인생에 큰 영향을 미쳤다. 엄마가 돌아가셨을 때도 진해 상가에 와 주셨고, 내가 결혼을 할 때도 유나가 초등학교에 들어갈 때도, 32세가 되어 딸이 결혼할 때도 결혼 축하금을 보내 주셨다. 35년 인연으로 내 인생을 챙겨주시고, 바꿔주신 분이시다. 항상 "문양이 최고다! 문양이 잘한다!"라고 말씀해 주셨다. 그 말씀 하나로, 나는 무엇이든 도전하고, 무엇이든 저질러 보는 사람이 되었다.

"송국헌 감사님! 은혜에 감사드립니다!"

03
솔직하게 털어놓는 나만의 방식

"사람들은 세상사에 대한 자신의 의견이 자신의 성격을 그대로 보여준다는 걸 잘 모르는 듯하다."

_ 랄프 왈도 에머슨

긍정적인 성격

'나는 후회하는 인생을 살지 말자!'라고 생각하며 사는 사람이다. 하지 않고 후회하느니 차라리 자존심 상해도 하고 후회하는 쪽을 택한다. 3번째 선을 본 사람은 서울대를 졸업하고 10년 동안 건설사 부장으로 근무했던 사람이었다. 키가 작고 웃으면 귀여운 인상이었다. 하지만 왠지 멋있다는 생각은 들지 않고 쭈글쭈글하게 접힌 바지만 눈에 들어왔다. 남자가 귀엽다는 인상은 흔치 않다. 만나는 날 결혼 정보회사에서 두 사람을 같은 날 만남을 주선해 주었다. 데이트하고 나서 식사를 하러 가자고 했지만, 약속이 있다고 거절하자 이유를 물어봤다.

"조금 있다가 다른 분을 만나기로 했다."라고 말했다. "뒤에 전화를 드리겠다."라고 양해를 구했다. 나는 솔직하게 상대방에게 털어놓는 나만의 방식이 있다. 솔직한 것이 돌아가는 것보다 낫다.

그 사람은 꽃을 좋아한다고 했다. 지금은 아파트 관리소장으로 10년째 일하고 있다. 카톡 사진에 아파트 화단에 꽃을 심고 있는 그 사람의 모습이 참 아름답다는 생각이 들었다. 봄이 오면 수선화꽃이 100송이가 올라올 것이라는 말에 '이 사람이다!'라는 생각이 들었다.

지금껏 살면서 꽃을 좋아하는 남자는 보지 못했다. 아파트 거실과 베란다에 심어놓은 화초들과 채소를 핸드폰으로 찍어 내게 보내 주었다. 회사 사무실 책상에 꽃꽂이를 매주 하는 그가 이상하게 좋았다. 내가 찾던 사람이라고 생각했다. 작가라는 이유로 서울대를 나온 남자를 만날 수 있었다. 3번 만날 때 진해 탑산에 놀러 가자고 제안을 했다. 행암 쪽에 바다를 보면서 데이트를 하고 싶었다. 그는 처음 만난 날 창원 용지공원에서 내 팔짱을 끼었다. 이 사람을 만나기 전날 연예인 서장훈과 팔짱을 끼고 걸어가는 꿈을 꾸었다. 그래서 우리의 만남이 오래 이어질 줄 알았다.

마음에 드는 사람을 3번이나 만났으니 제일 친한 초등학교 친구 정원이에게 소개를 해주고 싶었다. 진해 탑산과 행암 앞바다를 구경하고 난 뒤, "회를 먹으러 가자."라고 그가 말했지만, "내 친구를 만나러 가자."라고 제안을 했다. 친구를 만나고 집으로 돌아가는 길에 기분이 좋지 좋았다. 헤어질 때 그가 악수를 청했다. 다음 날 '내가 원하는 이상형이 아니다.'라고 문자가 왔다.

그 사람이 마음에 들어 화분을 사서 그의 사무실에 보냈다. 전화해서 잠깐 만나자고 했다. 하지만 만날 때 보지 못했던 냉정함을 봤다. 잠깐 얼굴을 볼 수 있는데도 극구 거절했다. 사무실로 보낸 화분도 되돌아왔다. 사람이 그렇게 돌변하기도 쉽지 않을 것이다. 이별하는데도 시간이라는 것이 필요하다. 3번의 데이트가 좋았는데, 하루 만에 돌변하는 그 사람을 보면서 인연이 되지 않은 것이 천만다행이라고 생각했다. 만약 그 사람과 결혼이라도 했다면 나는 두 번째 결혼도 실패로 고통받으며 살았을 것이다.

"한 길 물속은 알아도 사람 속은 모른다!"라는 옛말이 틀린 말이 아니다.

나는 후회하지 않으려고 노력한다. 마지막으로 매달려 볼 걸 하면서 후회하지 않으려고 자존심 다 버리고 끝까지 나의 마음을 표현한다. 그래야 후회가 없다. 전화해 볼 걸 하는 아쉬운 마음에 눈물을 흘리지 않기 때문이다. 사람의 인연이라는 것이 이렇게 어려운 것인지 몰랐다.

배우자는 하늘이 맺어 준다

전남편을 3번 만나 결혼했던 나는 인연은 마음만 먹으면 쉽게 이루어
진다고 생각했다. 결혼도 '26세에 꼭 해야지!'라고 마음먹었을 때, 전남편
은 4월 21일 결혼 날짜를 정해두고 결혼할 사람을 찾고 있었다. 그래서
'우리는 시기가 맞았고, 나쁜 사람 같지 않았고, 직업이 고등학교 교사라
둘이 결혼하면 잘 살 수 있겠다'라는 확신이 들었다. 그래서 3번 만난 날
꽃다발을 내게 주며 남편이 물었다.

"월세방부터 살 수 있겠습니까?"

라고 물었을 때 "예."라고 대답을 하고 만난 지 한 달 만에 결혼했다.
하늘이 정해준 부부의 인연은 몇 년을 사귀었든지 아무런 마음의 불편함
도 어색함도 없다. 몇 년을 만난 것처럼 우리는 8년 동안 부부싸움 한번
한 적 없이 행복하게 잘 살았다.

창근의 상가를 팔고부터 건강이 급속도로 안 좋아졌다. 한 달 동안 중
환자실에 입원하는 빈도수가 3년째 계속되고 있었다. 6개월에 한 번씩

중환자실에 한 달간 입원을 했다. 그가 몸이 쇠약해지자 3일 휴가를 내서 함께 있었다. 보통 해물탕을 사서 3일 정도만 먹으면 몸이 회복되어 걸음을 걸을 수 있었는데 3일이 지나도 일어날 생각을 하지 못했다. 회사 출근을 해야 해서 아들에게 아빠를 부탁하고 출근을 했다. 마지막으로 함께 있었던 날 30분 정도 대변을 창근이 쏟아냈다. 설사처럼 물기가 많은 변이었다. 그날 병원에 입원시키려고 119를 불렀다. 하지만 그는 극구 반대했다. 그때 병원에 입원시켰다면 그는 심장마비로 죽지 않았을 것이다. 입원시키지 않은 것을 지금도 후회하고 있다. 월 300만 원에 가까운 병원비가 두려워 입원하지 않겠다고 했다. 그는 더 오래 살 수 있었던 사람이다. 하지만 미련 없이 이 세상을 떠났다. '그가 빨리 떠난 것은 상가 처분이라는 무거운 숙제를 해결했기 때문'이라는 생각이 그가 세상을 떠난 지 10개월이 지난 뒤 어렴풋이 알게 되었다.

그가 떠나기 전, 10일 전에 그의 절친 광식님에게서 전화가 왔다. 부산 백병원에 심장마비로 중환자실에 입원했다고 알려주었다. 아들 외에는 면회도 되지 않았다. 며칠 남지 않았다는 말을 듣고 일을 마치고 나면 백병원 주차장에 차를 세우고 그가 입원한 병실 앞 건물에 쪼그리고 앉아 그가 있는 곳 가까이에 함께 있어 주었다. 어떨 때는 병실 옆 휴게실에 있어 주기도 했다. 아마 그는 내가 가까이에 있을 것으로 생각했을 것이다. 세상을 떠나기 전 마지막으로 그의 손을 잡아 주고 싶었다. 하지만 간호사에게 간곡히 부탁해도 코로나로 환자를 보호하기 위해 보호자 외에는 면회가 불가했다.

창근과의 영원한 이별, 떠난 사람은 보내 주어야 한다

그가 떠난 날, 그를 내게 소개해준 숙자 언니에게서 전화가 왔다. 세상을 떠난 그날 거짓으로 안부를 내게 물었다. 오늘 세상을 떠난 줄도 모르고 언니에게 상황을 설명해 주었다. 무슨 생각으로 내게 안부를 물었는지 아직도 이해할 수가 없다. 그날 그가 죽었다고 말해주었다면 이 세상을 떠날 때 함께 배웅해 주었을 것이다. 가족들은 나에게 죽음을 알려주지 않았다. 아들과 딸, 누나와 절친 광식님과 재동님이 장례식을 치렀다고 한다. 그가 세상을 떠난 뒤 꿈속에서 나에게 달려오는 꿈을 3번 정도 꾸었다. 중환자실에서 심장이 한 번 멈췄다가 되살아나 산소호흡기를 끼고 숨만 쉬고 있었을 때도 무의식중에 나를 애타게 기다리고 있었을 것이다. 마지막으로 가는 그를 한번 보고 싶었다.

"그동안 고마웠어! 당신이 있어 행복했다!"라고 말해주고 싶었다. 하지만 우리는 만날 수 없었다. 그렇지만 항상 내가 옆에 함께 있을 거라는 사실을 알고 있었을 것이다. 그는 양복을 차려입으면 태가 나는 사람이었다. 66년을 살면서 단 한 번도 돈 걱정을 해 본 적이 없는 사람이었다.

30대에 4층 상가를 직접 지어 임대소득 월 300만 원을 64세까지 받은 임대사업자였다. 30년 동안 임대료를 단 한 번도 올리지 않은 마음 착한 상가주인이었다. 코로나로 1년 6개월 동안 임차인이 월세를 내지 않아 10억 원 시세 상가를 7억 원에 매매했다.

그는 술로 인생을 낭비하고, 세월을 허무하게 보냈지만, 자신의 현재 상황을 잘 판단하는 명석한 사람이었다. 자신이 직접 지은 4층 상가를 팔고 난 후 그의 건강은 더 악화하였다. 자신의 분신을 잃은 듯한 기분이 들었을 것이다. 왠지 운이 다한 기분이 들었다. 기운을 내려고 해도 기운이 서서히 없어져 갔다. 찬 거실 바닥에 앉아 개글 서럽게 밥을 먹고 있는 마지막 그의 모습이 불쌍해 보였다. 정말 살고 싶었던 것이다. 그날 그의 만류에도 병원에 입원시켰다면 지금, 이 순간 그와 함께했을 것이다. 그것이 내가 살면서 가장 후회했던 순간이다. 내 마음이 시키는 대로 병원에 입원시켰다면 친구를 그렇게 어이없이 하늘로 보내지 않았을 거다.

책 쓰기로 월 천만 원 버는 문쌤의 성공 비법 노트

하늘이 맺어준 인연

창근을 생각할 때마다 안타까운 생각이 든다. 30대에 결혼하고, 땅을 사서 건물을 직접 지어 직장생활을 평생 3년만 다니고 아버지의 병간호를 위해 대기업을 퇴사했다. 상가는 4층 건물로 4층은 가정집으로 쓰고 3층은 상가 임대를 30년 동안 주었다. 태생이 부잣집 아들이라 평생 돈 걱정 한번 해 본 적이 없는 사람이다. 월 임대료를 300만 원이 들어와도 술과 식사비밖에 쓰지 않는 사람이다. 자식들을 공부시킨 뒤 큰돈이 들어갈 일도 없었다. 하지만 코로나 사태가 터지면서 1년 6개월 동안 월세가 들어오지 않아 많이 힘들어했다. 10억 원 상가를 급매로 7억 원에 매매했다. 급매라 돈 있는 김 회장님이 상가를 매입해주셨다. 그것도 내가 은행 다닐 때 최 상무님 실에 자주 오시던 분이셨다. 김 회장님은 계약을 할 때 다 떨어지고 해진 허름한 가방을 메고 오셨다. 큰 계약을 할 때는 이렇게 다녀야 안전하다고 말씀해 주셨다. 창근은 자신이 지은 상가를 매매한 뒤 급격히 건강이 쇠약해져갔다. 상가는 창근의 분신이었다. 상가를 매매하고 그는 1년을 넘기지 못했다.

마트에서 배운 인생의 성공 기술

"생애 주어진 모든 날들이 알찬 삶이 되기를."

_ 조나단 스위프트

하루하루를 충실하게

회사 밑에 있는 O마트 벤치는 내가 책을 쓰는 아지트다. 터미널 옆 찻집 공터에서 책을 썼지만, 주인이 불편하다고 말해 그곳에는 가지 않는다. 회사 일을 마치고 30분 정도는 책을 읽고, 책을 쓰고 싶지만, 상사의 눈치가 보여 회사에 오래 남아 책을 쓰는 것이 마음이 엄청 불편하다. 그래서 일이 되지 않는 이틀 동안 업무하고 있는 중에만 휴게실에 남아 책을 쓰고 있다.

두 권의 책을 출간하고도 계속 책을 쓰고 있다. 출판사에 투고해 출판 계약이 되지 않아도 마음의 상처는 받지 않는다. 자서전을 두 권이나 출간했기 때문이다. 60평 생 내 삶을 두 권의 책에 담은 것으로 만족하고 있다. 내가 살아온 이야기, 내 생각들을 두 권에 거의 다 녹였다고 생각한다.

60대 중년 독자는 나를 찾아와 두 권의 책을 처음부터 끝까지 다 읽어보고, 현재 문수빈 씨가 어떻게 살고 있는지 무척 궁금해서 찾아왔다고 말했다. 만나게 되어 기쁘다고 했다.

농협에 근무하는 이선도 과장님은 사무실로 찾아오시면 차 한잔 대접하고 싶다고 전화를 주셔서, 근무하는 지점에 찾아가 사인도 해드리고, 차도 마시고, 기념사진도 찍고 왔다. 서울에 사시는 76세 이경주 엄마는 두 권의 책을 다 읽으시고 명절마다 잘 있는지 안부 전화를 주셨다. 구미에 쌍용자동차에 근무하는 임수환 님은 자동차 영업을 이제 시작하는데, 월 10대 팔았던 영업기술을 가르쳐 달라고 전화를 주셔서 1시간 동안 전자책 〈자동차 월 10대 판 영업비법 노트〉 PDF 노하우를 전부 알려주었다.

이처럼 책을 쓰면 카톡으로 문자가 오거나 전화로 안부를 전하기도 한다. 많은 독자로부터 응원의 메시지를 받기도 한다. 나는 책을 출간하고도 매일 하루도 빠지지 않고 일을 마치고 나면 O 마트에 앉아 책을 썼다.

계속 책을 쓰는 이유는, 책을 쓰는 감을 잃지 않기 위해서다. 내 생각을 정리하다 보면, 블로그에 글을 적을 때 많은 생각을 하지 않아도 저절로 글이 술술 적어지는 경험을 하게 된다. 책을 쓰는 것도 마찬가지다. 내가 생각하지 않아도 열 개의 손가락이 피아노를 치듯 노트북 자판 위에서 알아서 춤을 춘다. 4명의 작가도 이 현상을 경험했다고 나에게 말했다.

부자들이 하는 하루 루틴을 지켜라

3년 동안 스승님의 가르침대로 하루 10분 필사를 해왔다. 스승님의 필사책을 사서 필사를 한다. 스승님의 책은 의식 수준을 높여주고, 인생을 바꾸는 의식개혁의 책들이다. 그래서 꾸준히 필사책을 사서 매일 필사를 하고 있다.

인생을 바꾸는 방법 중에 성공 확언이 있다. 성공한 사업가들은 성공 확언을 하루 100번을 적어, 자신의 무의식에 심으라고 말하고 있다. 하지만 나는 바쁘다는 핑계로 하루 한 번 성공 확언을 적어 블로그에 올리고 있다. 하루 5분 책 읽기와 하루 5분 책 쓰기는 3년째 자신과의 약속을 지키고 있다. 성공 확언을 종이에 적고, 출근길에 큰소리로 외치면 우울할 일은 없다. 내 목표가 있기 때문이다. 성공한 사업가나 성공한 연예인들이 추락하는 이유는 성장이 멈췄기 때문이다. 더 높이 뛰어오를 수 없다면, 추락하는 것은 날개가 있다. 그대로 낭떠러지로 처박히게 된다. 우울증은 성장이 멈췄다는 증거다.

일을 마치고 마트에 가면 오후 10시 정도가 된다. 그러면 형광등 불빛은 없다. 핸드폰 라이트로 불을 밝혀 책을 쓰고 있다. 어느 날 20대 청년이 마산 가는 마지막 버스를 놓쳤다고 했다. 그래서 3만 원을 주고 택시를 타고 가라고 했다. 하지만 정중히 거절했다. 터미널에서 자고, 내일 아침에 첫차로 가겠다고 했다. 차에 가지고 다니는 작은 이불을 건네주었다. 다음날 마트 의자에 예쁘게 놓여 있었다. 정신이 바른 청년이었다. 가끔 카톡으로 안부를 전해왔다.

마트 주인은 63세 김원숙 언니다. 언니의 딸은 서울에서 직장생활을 다니다가 월급을 받으면 교통비, 원룸 비, 식사비를 빼면 남는 것이 없다며 이곳 시골 마트에서 엄마 일을 도와주고 있다. 예쁘고, 참하게 생긴 아가씨였다. 예쁜 사람은 시골에 꼭꼭 숨어 있어도 인연이 찾아와 낚아채 간다. 시골에 축구선수 단 동계 훈련을 온 축구팀 감독과 첫눈에 반해 한 달 만에 결혼해 예쁜 딸을 낳았다. 언니는 작년에 6억 원이라는 돈을 주고 이 마트를 샀다. 마트 임대계약 기간이 만료되어 남동생에게 넘기려고 했다. 하지만 주인이 마트를 팔겠다고 해서 고민 끝에 은행 대출을 받아 사게 되었다. 언니는 매월 500만 원의 은행 대출을 갚아 나가고 있는 능력자다. 아저씨는 당뇨병으로 건강이 갑자기 안 좋아져서 지리산 밑 산청에서 요양 중이다. 나는 마트를 15년 동안 운영한 김원숙 언니로 인해 인생의 성공 기술을 배웠다. 직원 두 사람을 거느리고 마트를 운영하는 언니를 볼 때 대단하다는 생각이 든다. 언니는 여장부다.

3년 동안 마트에서 책을 쓰니 뿌듯했다. 나도 모르는 인내력과 자신감이 살아났다. 그래서 많은 사람들을 작가로 만들어, 1인 창업가의 삶을 살게 해주고 싶다. 어제와 오늘, 일이 되지 않아 골프연습장에 있는 김우현 프로님을 찾아 갔다. 어제는 안 계셔서 뵙지 못하고 문자만 보냈다. 프로님은 30년 동안 골프만 치고, 사람들을 가르쳤다. 65세가 넘은 나이에도 골프에 대한 열정은 대단하다. 아들도 프로골퍼로 살다가 최근에는 딸기 농사로 직업을 바꿨다. 결혼해서 두 아이의 아빠가 되어 성실하게 살아가고 있다. 딸기 농사도 성공해서 달고 맛있다.

김 프로님과 아들이 공동으로 책을 써서 골프를 배우고자 하는 사람들에게 30년 노하우를 고가에 판매한다면, 매일 골프연습장에 직접 가지 않아도 된다고 말씀드렸다.

"나는 나이가 많고, 아들은 딸기 농사로 눈코 뜰 새 없이 바빠서 시간이 안 된다."

라고 거절하셨다. 내 눈에는 더 쉽게 골프 노하우를 판매하는 방법이 있는데, 사람들은 자신의 지식과 기술, 노하우를 판매할 자동 시스템을 만드는 것을 두려워하고 어렵게 생각한다. 책 쓰기 4주 과정은, 매주 1시간 수업으로 4번만 수업을 들으면 책을 누구나 쓸 수 있다. 1인 창업은 블로그, 유튜브, 네이버 카페로 자동으로 돈이 벌리는 1인 창업시스템을 장착하면 되는 것이다. 15년 동안 김 프로님을 곁에서 지켜보면서 도와드리고 싶었는데 인생을 바꿀 기회를 딸기 농사와 맞바꾸어 안타까운 생각뿐이다.

기다리면 언젠가 나의 때가 온다

중국에서 살다 온 은숙이는 조카가 다니고 있는 연세대학교 옆에 아파트에 입주했다. 힘들고 어려웠던 시간은 다 지나가고, 동생 인생 중에 처음으로 풍족한 생활을 하고 있다. '여동생과 양 서방은 10년 동안 중국에서 고생했던 경험 들을 책에 담으면 좋을 것 같다'는 생각이 들었다. 중국 이민 생활의 지혜를 나누면 멘토로서 살아갈 수 있다. 하지만 책을 써본 적이 없다며 책 쓰기를 거절했다. 내게 가끔 보내오는 장문의 글들을 보면서 이미 여동생은 작가가 된 사람이다. 타향살이 10년 동안 수많은 경험과 일어난 사건, 사고들이 여동생을 이야기꾼 작가로 만들기에 충분했다.

회사 동생 윤이는 10년 동안 간호사로 일을 하다가, 투병 중인 아버지 암 치료비를 벌기 위해 이곳에 와서 15년을 매일 두 번 일하는 투타임을 했다. 예쁘고 마음도 착해 남동생의 조카를 초등학생 때부터 대학생이 될 때까지 딸처럼 키웠다. 지금도 엄마의 생활비와 전기, 수도세를 내주고 있다. 동생 조정희는 나와 이곳에서 10년 동안 함께 일을 했다. 새벽 4시에 일어나 내게 줄 도시락을 싸서 부산에서 왕복 2시간 거리의 이곳까지 출퇴근했다. 매일 두 번 일하는 나를 깨우기 위해 옆집 담을 넘어, 우리 집 현관문을 30분 동안 두들겨 잠을 자는 나를 깨워 출근을 시켜준 내 인생에 둘도 없는 은인이다. 내가 성공하면 꼭 함께 일하자고 맹세를 했다. 2년 전에 퇴사해 다른 회사에서 일하고 있다. 하지만 1주일에 한 번씩 통화한다.

살면서 남에게 베품을 받은 것은 문창근과 조정희 두 사람뿐이다. 내가 병원에 입원했을 때도 찾아와 주었고, 딸 결혼할 때는 축의금으로 20만 원을 송금해 주었다. 사람이 살면서 아무런 이유 없이 남에게 베풀고 살기는 쉽지 않다. 나도 58년을 살면서 내 것을 단 한 번도 챙기지 않고 살았다. 항상 남에게 먼저 베풀고 살아왔기에, 59세라는 나이에도 이곳에서 일할 수 있다. 두 사람을 만나 내 인생이 행복했다. 두 사람의 은혜에 항상 감사하며 지면을 통해 사랑하는 마음을 전한다.

"창근아! 고맙다! 정희야! 고맙다! 두 사람이 있어 내 인생이 행복했다!"

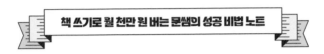

나는 마트 벤치에서 인생을 바꿨다

나는 회사업무를 마치고 O 마트 벤치에 앉아 핸드폰 플래시를 비추어 책을 써서 작가가 되었다. 자신이 마음먹는 것은 못 이룰 것이 없다. 포기하지 않으면 꿈은 다 이룬 것이다.

05
성공하기 전에 반드시 알아야 할 것들

"자아란 이미 완성된 것이 아니라 끊임없는 행위의 선택을 통해 지속적으로 만들어진다."

_ 존 듀이

나를 빛내는 건 바로 나

두 권의 책을 쓰고 1인 창업을 배웠다. 블로그, 유튜브, 하루 만에 끝내는 1인 창업, 네이버 카페 제작, 강사과정, 책 홍보 과정을 배웠다. 책을 출간하고 나에게 많은 일들이 일어났다. 여러 신문사에서 인터뷰 요청 전화가 왔고, TV 출연도 하고, 월간지에 두 번이나 연재되었다.

"성공해서 책을 쓰는 것이 아니라, 책을 써야 성공한다!

성공하기 전에 우리가 반드시 알아야 할 사항이다.

인생을 바꾸는 기술은 책을 쓰는 것 그것뿐이다!

내가 만난 특별한 사람들

유튜브를 통해 책을 쓰고 싶다고 20대에 호주로 넘어가 30년 동안 간호사로 일하면서, 그리스 남편을 만나 3명의 딸을 낳고, 요양원을 운영했던 노애정 님이 한국에 들어와 전화를 했다.

"책을 쓰고 싶은데요? 어떻게 하면 될까요?"

서로 시간을 맞춰 책 쓰기 4주 과정 수업을 진행했고, 쓴 원고를 이메일로 받아 피드백을 해 주었다. 나보다 열정적인 사람이었다. 방석 하나를 가지고 한 달 동안 엄마 집 근처 도서관에 가서 원고를 썼다. 원고를 쓰다가 도중에 노트북에 원고를 저장하지 않아 처음부터 다시 쓰는 사태가 발생해 엉엉 울기도 했다. 그 후 마음을 가다듬고 한 달 동안 원고 쓰기에 집중해 원고를 완성했고, 미다스북스와 출판 계약이 되어 이다경 편집장님의 마이다스의 손을 거쳐, 원고수정 작업을 마친 뒤 한 달 후 『나만의 행복 지도를 그려라』 책이 출간되었다.

노애정 님은 책이 출간되고 너무 기뻐서 수십 권의 책들을 거실 바닥에 깔아놓고 누워, 손과 발을 사방으로 흔들며 환호성을 지르는 모습을 유튜브에 담기도 했다. 자신의 책이 세상에 나오면 온 세상을 다 가진 기분이 든다. 세상에 나를 알린다는 것이 얼마나 감격스러운 일인지 경험하지 않고는 말로 표현할 수 없다.

노애정 님은 62세로 누구보다 열정적인 사람이다. 책이 출간되기 전에도 유튜버로 많은 활동을 하고 있었다. 그 넓은 호주 전역을 혼자서 캠핑카로 구석구석 다 돌았으며, 최근에는 몽골, 남미, 볼리비아, 아르헨티나까지 여행 중이다. 그녀의 딸들도 캠핑카로 호주 전역을 돌고 있다. 열정적인 모녀가 부럽다. 나도 내 딸 유나와 꼭 그렇게 살고 싶다.

최이정 작가도 내 유튜브를 보고 전화를 했다. 40대에 이혼 후 영어를 잘하지 못하는 상태에서, 8년 동안 폴란드를 비롯해 20개국을 돌며 셰프로 살아왔던 이야기를 책에 담고 싶다고 했다. 책 쓰기 4주 과정을 진행했고, 한 달 동안 스타벅스에서 원고를 썼다. 아침에 스타벅스 문이 열리면 들어가서, 영업이 끝나고 직원들이 마감 청소하는 시간에 집으로 돌아왔다고 한다. 원고를 쓰는 데 한 달이 걸렸고, 3번의 원고 수정작업을 끝내고, 출판사에 투고해 미다스북스에서 출판 계약이 되어 한 달 후 『나대로 사는것은 축복이다』가 세상에 나오게 되었다.

외국에 8년 동안 살다 와서, 한국에 아는 사람이 없는데도 예약판매 부수 100부가 판매되는 기염을 토했다. 블로그 이웃 방문객 수는 하루 2,000명에 달하는 인플루언서가 되었다. 외국에서 화가에게 배운 그림 실력으로 책이 출간되고 난 뒤, 6시간 동안 자화상을 그린 그림이 블로그 서로 이웃에게 판매되어 화가의 길로 들어서게 되었다. 작가가 되면서 동시에 화가로 인생길이 열린 것이다. 그림은 마음의 눈으로 상품을 선택하는 것이다. 그림을 사는 사람은 마음의 위로가 되었기에 대가를 지급하는 것이다. 작은 언니도 화가여서 더 많이 응원해 주고 싶다.

블로그 이웃 중 문주용 님이 있다. 같은 문가라서 내가 먼저 책을 써보라고 문자를 남겼다. 블로그 내용이 알차고 뭔가 남들과는 수준이 다르다는 생각이 들었다. 그래서 서로 연락이 닿아 책 쓰기 4주 과정을 시간을 맞추어 업무시간 중에 자동차 안에서 수업을 받았다. 수업은 휴가를 내어 정식으로 받는 것이 정석인데 이해력이 빨랐다. 워낙 글쓰기를 잘하고, 군대에서 『시크릿』 책을 읽고 인생의 판도가 완전히 바뀌었다고 한다. 10년 동안 끌어당김의 법칙에 대해, 공부하기 위해 투자한 돈이 수천만 원이 된다고 한다. 그동안 공부하고 연구했던 내용 들을 책에 담아 한 달 만에 원고를 완성했고, 두 달 뒤 출판사에서 『거인들의 비밀』이 출간되었다.

김태환 님은 내 책을 읽고 전화를 해주었다. 처음에는 안부 전화를 했다. 마음이 따뜻해 내가 근무하고 있는 회사로 마늘 한 상자를 택배로 보내 주었다. 그 뒤 책을 써보라고 권유를 했다. 책 쓰기 4주 과정을 업무를 마치고 오후 10시부터 수업해 밤 12시까지 했다. 한 달 동안 원고를 썼고, 미다스북스에서 출판 계약이 되어 한 달 후 책이 출간되었다.

김태환 님은 많은 도전을 했다. 20대에는 태권도 사범으로 미국으로 건너가 태권도를 가르치는 일을 했다. 그 뒤 해외 물류 사업을 하는 사업가로 연 매출 17억 원을 달성한 성공한 사업가였다. 하지만 코로나 사태로 인해 사업이 어려워져 힘들어하는 때에, 유튜브를 통해 나를 알게 되어 책을 쓰게 되었다. 책을 쓰고 김태환 님은 죽었던 자존감을 다시 회복하고, 한 번 더 잘해보자는 각오로 하루하루 가슴 뛰는 삶을 살아가고 있다.

지금 책을 쓰고 있는 최지선은 블로그 인플루언서다. 서로 이웃 구독자가 2,000명이 넘는다. 블로그를 가르치는 강사로 활동하고 있다. 블로그에 관한 책을 쓰고 있다. 지선은 한 달 만에 원고를 쓰지 못했다. 원고는 한 달 안에 완성하는 것이 철칙이다. 한 달을 넘기면, 1년이 되고 2년이 걸려 결국 의욕이 상실되어, 책을 쓸 수 없다고 자포자기하게 된다. 지선이는 호주에 워킹홀리데이를 갔다 올 만큼 열정적인 삶을 살았다. 하지만 책 쓰기는 아직 진행하고 있다.

"책 쓰기를 삶의 1순위에 두지 않는 이상, 책을 출간할 수 없고, 인생도 바꿀 수 없다는 것을 명심하라!"

책 쓰기는 내 운명을 바꾸는 일이니만큼 한 달 안에 원고를 완성하는 것이 원칙이다. 스승님의 제자 중 우리 기수 27명 중 한 달 안에 원고를 쓰지 못한 사람은 단 한 사람도 없다. 목숨을 걸고, 잠을 자지 않고 한 달 동안 책을 쓴다면 누구나 원고를 완성할 수 있다. 나도 회사 일을 마치고 한 달 동안 써서 원고를 완성했다. 이것은 누가 시켜서 하는 것이 아니다. 내 운명을 바꾸는 일인데, 한 달 동안 잠 좀 안 잔다고 죽는 것은 아니다. 한 달만 목숨 걸고 책을 쓰면 내 운명이 바뀌는데 안 할 사람이 누가 있겠는가? 책을 쓰지 않는 사람이 이상한 사람이다.

현재 여러 사람에게 책을 쓰라고 수시로 문자나 전화를 하고 있다. 하지만 "아이 키우느라 시간이 없어서, 사업을 하느라 시간이 없어서, 바빠서, 나이가 많아서 글을 못 쓴다."라고 자신의 운명을 바꿀 책 쓰기를 미루고 있다. 과연 무엇이 급선무일까? 내 운명을 바꾸는 것이 급한 일일까? 돈 버는 것이 급한 일일까? 아이를 케어하는 것이 급한 일일까? 내 인생을 바꾸는 것이 가장 시급하고, 가장 중요하고, 가장 우선순위에 두어야 할 일이라고 생각한다.

모든 일은 책 쓰기를 끝낸 다음 순서에 있다. 내 인생부터 바꾸고, 다른 일을 챙기면 된다. 책 쓰기를 하지 않고서는 나를 브랜딩할 수 없다. 내 운명을 바꿀 수 없다. 나는 강력하게 말한다.

"당신의 책을 쓰라! 그래야 운명이 바뀐다!"

하지만 이 말을 귀담아듣는 사람은 내 블로그 이웃 중 그 누구도 없다. 한 달에 500명이 넘는 사람들이 내 블로그에 방문해 글을 읽지만 정작, 자신의 인생을 바꾸기 위해 나에게 전화를 걸어오는 사람은 없다. 지금, 당장, 책 쓰는 것보다 중요한 일이 있을까? 계속 일만 하면서 살 것인가? 이제는 자신의 책을 써서 브랜딩하고, 책을 통해 지혜를 판매하는 1인 창업가의 삶을 살아야 한다. 그것이 경제적 자유인이 되는 세상에서 가장 빠른 길이다.

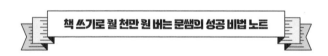

나는 책 쓰기로 월 천만 원 번다

나는 작가가 되어 월 천만 원을 버는 사람이 되었다. 노애정, 김태환, 문주용, 최이정 님으로 인해 더 단단한 내가 될 수 있었다. 사람은 사람에게 도움을 받고, 또 도움을 준 그 사람으로 인해 운명이 바뀌어 간다. 서로서로 윈윈하게 되는 것이다. 사람은 혼자서는 살 수 없고, 성공도 혼자서는 이루어지지 않는다. 서로의 버팀목이 될 때 성공은 따라온다.

06

매일 출근하는 당신에게 해주고 싶은 인생 조언

"우리에게 절실한 것은 지금까지 전혀 존재하지 않았던 것을 꿈꿀 수 있는 사람들이다."

_ 존 F. 케네디

미래를 상상하라

김현 님은 회사 동료가 운영하는 눈썹 문신과 네일아트를 하는 상가 옆 〈오늘은〉이라는 간판을 걸고 김밥과 여러 음식을 판매하는 셰프의 부인이다. 딸이 작년에 결혼해서 눈썹 문신과 네일아트를 해야겠다고 생각했다. 휴가를 내서 동생 가게에 갔다. 약속 시간이 조금 남아 〈오늘은〉에서 국밥을 한 그릇 먹고 김현 님과 이런, 저런 개인적인 이야기를 나눴다.

김현 님은 서울 강남에서 태어나 외국에 유학을 다녀왔고, 교수이자

세프인 남편을 만나 결혼했다. 현재 아들은 7년째 뉴질랜드에서 고등학교에 다니고 있다. 내년에는 미국으로 대학을 갈 예정이다. 동생은 늦게 딸 샘을 낳았다. 이제 고작 6세인 딸은 유치원 선생님께 핫팩을 데워서 드리기도 하고, 편지를 써서 선생님께 드리는 남들과는 조금 다른 기특한 아이였다.

유튜브를 보고 인형을 만들거나, 엄마에게 화장할 때 사용할 쿠션을 만들어 주기도 했다. 엄마와 그림을 그리면 곧잘 따라 그리고 엄마의 피를 이어받아 미술에 소질을 보이는 아이다. 그래서 동생은 요즘 딸아이를 위해 서울에 있는 교육기관으로 이사를 해야 하는지 고민 중이다. 아침마다 나에게 희망을 담은 예쁜 엽서를 보내 준다. 어디서 찾았는지 매일 엽서가 다르다. 일을 하기 전 엽서가 도착하면 글을 읽고, 하루를 힘차게 시작하고 있다.

동생은 내 마음을 위로해 주는 사람이다. 항상 나에게 "충분한 자격이 있다. 사람들이 진가를 알아보지 못하는 것이다. 마음을 열어두면 언젠가는 인연을 만나게 된다."라고 조언을 해 준다. 우울한 마음이 들 때 동생의 진심 어린 응원 한마디에 다시 의욕이 솟아난다.

"그래 언젠가는 내 인연을 만날 수 있겠지? 꼭 만나게 될 거야!"

딸의 결혼식 때 했던 눈썹 문신과 네일아트로 한 달 동안 내가 신부가 된 기분으로 살았다. 속눈썹을 붙인 것과 붙이지 않은 얼굴은 내가 거울을 봐도 천지 차이다. 그래서 속눈썹 붙이는 도구와 메니큐어, 네일을 건조시키는 기계를 구매했다. 눈썹 문신은 내가 할 수 없지만, 속 눈썹을 붙이는 것과 손톱에 네일을 바르는 것은 내가 할 수 있다. 속눈썹 풀을 조금씩 묻혀 발라야 하는데 서툴러서 풀이 마르고 나니 검정 뭉텅이 풀로 눈두덩이가 말이 아니다. 그래도 자꾸 하다 보면 숙달이 된다. 처음부터 잘하는 사람은 없다.

딸 결혼식을 하기 전 동생의 소개로 마산 합성동에 있는 피부과에 가서 주사를 맞았다. 미간 중간에 긁은 선이 세로로 그어져 있어 보기가 좋지 않았다. 양쪽 볼에도 살이 없어 웃으면 잔주름이 이만저만이 아니었다. 큰언니가 딸 결혼식 때 얼굴 주름이 많다고 주사를 맞으라고 했다. 하지만 처음에는 "그런 돈을 써느니 맛있는 고기나 사 먹겠다."라고 말했다.

하지만 웃을 때마다 자글자글한 주름이 눈에 자꾸 거슬렸다. 그래서 한번 맞아 보기로 했다. 주사를 맞고 결혼식을 가니 가족들이 내 얼굴을 본 중에 제일 예쁘다고 칭찬해 주었다. 나도 덩달아 기분이 좋았다. 들뜬 마음에 나도 딸처럼 한 달 동안 신부로 살았다.

결혼식을 끝내고 양산에 내려와 다른 시술도 했다. 내가 봐도 지금이 제일 예뻐 보였다. 예쁜 나를 보고 처음으로 나도 결혼을 해야겠다는 생각이 들었다. 그래서 결혼 정보회사에 등록하고 시간을 맞춰 휴가를 내어 여러 사람을 만나보았다. 처음 호감을 느끼는 사람은 3명 정도 있었다. 그래서 두 번 정도 만나보았다. 하지만 하나같이 "찾는 사람이 아니다."라고 말했다. 아직은 결혼할 때가 아닌 것 같다.

눈썹 문신과 네일아트를 하고, 얼굴에 주름을 숨기는 주사와 시술로 이렇게까지 사람의 기분을 높아지게 하는지 처음 느껴보는 감정이다. 이렇게 예뻐 보이는 것도 처음이다. 별것 아니라고 생각했는데 내 생활의 활력이 되고, 자신감이 뿅뿅 살아나 나도 여자라는 생각이 들었다. 평생을 얼굴 주사가 뭔지 시술이 뭔지 모르고 살아왔다. 짧은 순간이었지만 내 인생에 영원히 남는 한순간이었다. 그래도 해 보고 싶었던 데이트도 해 보았다. 나는 '해 보고 후회하자'고 생각했다. 결혼하기 위해 선을 봤지만 결국 인연을 만나지 못했다. 그래도 만남에 최선을 다했다.

마음의 위로

사람은 마음의 위로를 받는 방법이 여러 가지가 있다. 친구를 만나 수다를 떤다든지, 친구나 가족들과 여행을 간다든지, 혼자 스타벅스에서 차를 마시며, 책을 읽는다든지 여러 가지가 있다. 산책하거나 등산을 가거나, 지인들과 골프를 친다든지 얼마든지 마음의 위로와 생활의 변화를 줄 수 있다. 조금만 시간을 내고, 마음의 여유를 가지면 풍요로운 인생을 살아갈 수 있다.

자신이 하는 일에 최선을 다하라!

매일 출근하는 당신에게 해주고 싶은 인생 조언 한마디는, 당신이 좋아하고, 오랜 세월 동안 지치지 않고 밤을 새우고 일해도 피곤하지 않은, 자신이 가장 사랑하는 일을 하라고 말하고 싶다. 그것이 제대로 나로 사는 길이다.

우리 회사에 50세 손영애 동생이 있다. 동생은 지금까지 좋은 직장을 가진 능력 있는 남자를 만나보지 못했다. 그래서 남자는 별 관심이 없다고 한다. 아파트를 살 만큼 검소하고 도전적인 동생이다. 동생은 평일에는 직장을 마치고 필라테스를 2년째 배우고 있다. 영어 공부는 회사에 출근해 자투리 시간으로 공부하고 있다. 퇴근하고 집에서 3시간 정도 매일 영어 공부를 하고 있다. 그래서 해마다 엄마를 모시고 가족들과 해외로 여행을 다니고 있다. 이 얼마나 멋진 인생인가? 동생은 요양보호사 자격증이 있어 노후에는 어른들을 모시는 요양원을 운영하는 꿈을 가지고 있다.

회사에 출근하면 동생의 콧노래 소리가 들린다. 동생은 하루하루가 즐거운가 보다. 내심 부럽기도 하다. 동생은 내게 "항상 큰물에서 놀아라!"라고 말한다. "언니에게는 큰 세상이 있다."라고 말하며 직장에 얽매이지 말라고 충고한다.

나는 산악인이다

나는 은행에 다니면서 산악회에 들어갔다. 주말에 시간이 나면 6명의 직원과 약속을 해서 지리산 정상까지 1박 2일로 3번 정도 다녀왔다. 그 외도 가지산, 월악산, 대둔산 등 유명한 산은 다 올라가 보았다. 특히 월악산의 전경은 실로 아름다웠다. 큰 바위를 조각가가 작품을 만든 것처럼 아름다운 병풍 모양을 하고 서 있었다.

'이곳에서 결혼식을 올리면 얼마나 좋을까?'라고 23세 내 화려한 청춘 때에 생각했었다.

대둔산은 우리나라 땅끝마을 해남에 위치하는 흔들다리가 있는 아름다운 산이다. 가을이 되면 산세에 반해 집에 오기 싫을 정도다. 대둔산의 전경은 35년이 지난 지금에도 눈에 선하다.

내 영혼의 동반자

오늘따라 진해 태백동 우리 집 앞산에서 초등학교 친구 정원이, 행숙이, 영자, 나 이렇게 행숙이 엄마가 싸주신 수박, 포도, 사과, 배를 먹으며 송충이가 뚝뚝 떨어지는 나무 밑에서 신문지를 깔고 앉아 깔깔거리며 이야기꽃을 피우던 그때, 그 시절이 떠오른다. 딸 결혼식이 끝나고 축하한다며 밥 한 끼 사라고 영자가 전화가 왔다. 오늘은 친구들을 만나 밥 한번 먹어야겠다. 내 영혼의 소꿉친구들이 있어 나는 이 세상에서 제일 행복한 사람이다.

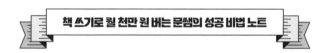

책 쓰기로 월 천만 원 버는 문쌤의 성공 비법 노트

내가 행복한 일을 해라

내가 진정 좋아하고 행복한 일을 해라. 여행을 떠나도 좋고, 지인과 골프를 쳐도 좋다. 사랑하는 사람들을 만나 맛있는 식사를 해도 좋고, 차를 마시며 수다를 떨어도 좋다. 내가 있으면 행복하고, 그들이 있으면 행복한 사람들, 그들과 생을 함께하라. 그것이 아름답게 늙어가는 비결이고 건강하게 살아가는 노하우다. 사람의 온기를 느끼며 함께하는 것. 그것이 행복이 아니고 무엇이랴?

5장

한 번뿐인 내 인생,
내 마음이
시키는 대로 살자

01
나는 내 마음이 시키는 대로 살기로 했다

"대부분 행복하고자 마음먹은 만큼 행복해진다."

_ 에이브러햄 링컨

행복은 마음먹기 나름

어제 우연히 가수 유열 님과 연극배우 윤석화 님의 근황을 보게 되었다. 두 분은 현재 건강이 좋지 않은 상태다. 윤석화 님은 나의 우상으로 아주 매력적인 배우였다. 누구도 범접할 수 없는 매력을 가진 사람이다. 현재는 뇌종양으로 투병 중이며, 앞니가 다 빠진 모습을 보았다. 그 영상을 보면서 문득 떠오른 생각은 '8남매가 건강함에 감사했다.'

큰언니는 서울에서 은행에 다니고 있는 큰딸의 손자를 키우고 있다. 집은 진해지만 서울에 거의 있는 편이다. 한동안 서울에 눈이 많이 내렸다. 앞을 지나가는 젊은 사람이 빙판길을 덤덤히 지나가는 것을 보고, 아무 생각 없이 뒤따라가다가 그 자리에서 그대로 미끄러져 엉덩방아를 찧어, 병원에 입원해서 두 개의 척추뼈가 금이 가서 두 번이나 수술했다. 67세 나이에 뼈에 금이 가면 금방 아물지도 않고 회복도 더디다. 2주 동안 병원 생활을 하고 지금은 퇴원해 통근 치료를 하고 있다.

언니는 33세에 딸이 한 살, 두 살일 때 형부가 바람이 나서, 평생을 혼자 농협마트에서 김치를 치대어 팔아 두 딸을 공부시켰다. 은행원으로, 중학교 국어 교사로 행복하게 살아가고 있다. 두 딸은 엄마와 1년에 두 번 정도 해외여행을 다녀온다. 이제는 두 딸을 잘 키워 남부럽지 않은 삶을 살고 있다. 조카들이 엄마의 고생을 잘 알기에 그 보답을 톡톡히 하고 있다.

큰언니 문은주는 올해 67세다. 아무리 100세 시대라 해도 70세가 되면 체력이 약해져 생각보다 강인하지 않을 것으로 생각한다. 가족들 속에 있어야 건강할 수 있다. 가족들 속에 있어야 사랑의 온기를 느끼며 건강하고, 행복하게 오래 살아갈 수 있다.

하지만 나는 딸에게 말한다. "엄마는 손자, 손녀를 돌보며 인생을 살고 싶지 않다!"라고 선언했다. 나에게는 꿈이 있기 때문이다. 세계를 구경하며 돌아다니고 싶다. 엄마처럼, 아버지처럼 자식만을 위한 삶은 살고 싶지 않다. 60세 이후부터는 나를 위한 삶을 살 것이다.

나는 내 마음이 시키는 대로 살기로 했다

나는 막연하게 미국을 동경하며 살았다. 딸이 결혼하면 모든 것을 정리하고, 미국으로 떠날것이라고 수백 번 나 자신에게 작정했는지 모른다. 짐도 종이 상자에 다 담았다. 떠날 때 다 버리면 되기 때문이다. 짐이라고 해봐야 책이 절반이다.

"이제 더 늦으면 60세야! 60세가 넘으면 가고 싶어도 못 가! 제발 지금 떠나자!"
라고 몇 번이고 나에게 다그쳤다.

사람은 저마다 꿈이 있다. 남들은 알지 못하는 나만이 하고 싶은 꿈 버킷리스트들이 있다. 59세가 된 지금 그렇게 많은 돈이 내게 필요한 것은 아니다. 딸도 결혼했고, 이제 나는 내 마음이 시키는 대로 살면 된다. 인생은 단 한 번뿐이다.

당신은 남은 시간이 10년뿐 이라면 어떤 삶을 살고 싶은가? 지금 책을 덮고 5분만 생각하는 시간을 가져 보라. 5분간 아무 생각 없이 산책해도 좋다. 아니면 핸드폰을 집에 두고, 스타벅스에 가서 차를 한잔 마시고 와도 좋다. 지금까지 한 번도 가보지 않은 길을 따라 드라이브를 해도 좋다.

한번 생각해 보았는가? 그것을 종이에 적으면, 내 꿈이 더 확실하게 다가온다. 나는 내 꿈을 종이에 매일 적는다. 그래야 내 꿈을 잊지 않고 하루를 살게 된다. 사람은 과거에 얽매여 사는 것이 아니라 현재와 미래에 산다. 우리는 미래를 창조하는 힘을 가진 만물의 영장이다.

많은 사람 들이 "미국 생활은 힘들어! 한국이 최고야!"라고 말하지만, 나는 큰언니처럼 가족에게 메여 평생을 살고 싶지 않다. 힘들어도 나는 내가 꿈꾸는 삶을 살다가 가고 싶다.

내가 꿈을 꾸니 미국과 연관되는 일들이 많이 일어났다. 동대구역에서 미국으로 남편의 병간호를 하러 가는 강 언니를 만나 두 개의 가방을 들어주었다. 그 수백 명 인파 속에 미국으로 가는 언니와의 만남은 어떻게

설명해야 할까?

작은 조카 윤희 남편이 올 5월 미국으로 발령이 나서, 학교에 휴직하고 딸을 데리고 온 가족이 미국으로 떠난다.

한 번뿐인 내 인생 내가 살고 싶은 인생을 살다 가고 싶다. 안 하고 후회하는 인생을 살지 않고, 해 보고 후회하는 그런 삶을 살 것이다. 그래서 후회하지 않는 내 인생을 즐기며, 사는 것이 제대로 된 나로 사는 것으로 생각한다.

넓은 바다가 보이고 온통 장미꽃으로 가꾼 집에서, 흔들의자에 앉아 차를 마시는 그런 상상을 많이 한다. 언젠가 나를 사랑하는 사람을 만나 행복하게 살고 싶다. 나의 엉뚱함을 이해하고 나를 바라봐주고, 서로 말하지 않아도 함께 있으면 편안한 그런 친구 같은 연인을 만나고 싶다.

홍 님은 그런 사람이라고 생각했다. 아침마다 아름다운 글, 아름다운 노래를 보내온 사람은 58년 인생에 그 누구도 없었다. 그래서 3번 만나보고, 양산 오빠에게 인사를 드리고 싶었다. 하지만 그 사람은 교양 있고, 요리도 잘하는 여성을 원했는가 보다. 만나자고 문자를 보낸 이후부터 매일 보내오던 엽서를 보내지 않았다.

사람의 인연은 아이러니하다. 연애의 감정 또한 아이러니하다. 15년을 이곳에 일하면서 누구에게 끌리거나, 만나자고 데이트 신청 한 번 받아본 적이 없다. 회사 동생은 이곳에서 남편을 만나 결혼을 해 아이를 낳고, 어떤 직원은 전남편과 이혼하고 이곳에서 남편을 만나 결혼해 잘살고 있다. 어떻게 남들은 그렇게 인연을 잘 만나는지 신기할 따름이다.

저질러라! 그래야 인생의 기회를 만날 수 있다!

유튜브에서 올해 말띠가 대운이라고 말한다. 결혼 운이 있어 남편이 없는 사람은 결혼하게 되고, 귀인의 도움으로 많은 기회와 돈을 벌 수 있는 한 해가 된다고 한다. 그래서 66년 말띠들은 뭐든지 시도하고 도전하라고 말한다. 그래서 나는 올 2024년은 내가 할 수 있는 모든 일을 저지르고 도전할 생각이다. 이렇게 1월 한 달 동안 원고를 쓰고, 책을 출간할 목표를 가지고 돌진하고 있다.

사람들은 새해가 되면 그동안 하고 싶었던 새로운 계획에 도전한다. 영어를 정복할 목표, 살을 빼겠다는 목표도 세운다. 하지만 나는 평생을 45kg으로 살아서 살을 빼기 위해 시간과 에너지를 쓰지 않아도 된다. 사람들은 충치로 치아치료비로 수천만 원을 쓴다. 나는 평생 내 돈으로 과자를 사 먹은 적은 극히 드물다. 열 번도 되지 않는다. 그래서 나는 몸도 치아도 건강하다.

　오늘 작은언니가 엄마, 아버지 산소가 있는 산청에 포항에서 형부와
함께 다녀왔다고 카톡 자매 방에 올렸다. 작은언니와 막내 여동생은 수
시로 산소에 가서 부모님을 뵙고 절을 올리고 온다. 그래서 두 사람이 잘
살고 있는지도 모른다. 두 사람은 엄청 바쁘게 사는 사람들이다. 작은언
니는 형부가 기업체 사장이라 누구보다 바쁘고, 막내 여동생은 두 아이
의 엄마지만 올해 머리를 염색하는 자격증을 취득해 장사를 시작한다.
평생 처음으로 사업을 하는 것이다. 간호조무사 자격증에도 도전했었다.
막내 여동생의 끝없는 도전정신에 박수를 보낸다.

큰언니 문은주의 삶

큰언니를 생각하면 눈물부터 난다. 하지만 이제는 두 딸을 시집보냈고, 손자, 손녀를 키우고 있다. 큰딸은 은행원으로 능력자고, 작은딸은 중학교 국어 교사다. 작은딸은 올 상반기에 남편을 따라 딸과 함께 미국으로 떠난다. 큰언니는 나에게 엄마나 마찬가지다. 유나 돌 때, 아파트를 사서 이사할 때, 이혼할 때 항상 큰언니는 나의 그림자처럼 옆에 있어 주었다. 이혼할 때는 조카들이 초등학생이었다. 그런데도 시외까지 며칠씩 곁에 있어 주었다. 문흥길 남동생도 1주일을 함께 있어 주었다. 지금 생각하면 정말 고마운 가족이다. 지금은 세월이 25년이나 흘러, 가족들 덕분으로 어려운 시기를 넘기고 자유로운 몸이 되었다. 이제는 내 행복을 향해 달려가고 있다. 내 행복은 7남매 가족들이 지켜주었다. 고맙다는 말 한마디 하지 못했는데 지면을 빌려 감사의 마음을 전한다.

02
미래를 결정짓는 말 한마디

"사랑받는 이들 중에서 불쌍한 사람이 있는가?"

_ 오스카 와일드

세상에 공짜 돈이 없다

평생을 살면서 별로 후회했던 일은 없다. 주식투자 실패로 딸을 경제적으로 마음고생시킨 것 그것은 되돌릴 수 없는 잘못이었다. 스승님은 내게 일어설 기회를 주기 위해 주 코치의 주식 과정을 무료로 수강을 하게 해 주셨지만 큰 실패를 해 본 나로서는 주식과 더는 인연을 맺고 싶지 않았다. 하지만 몇 번 주식을 사기는 했으나 안 좋은 기억 때문에 주식은 더 이상 내 인생에 끼어들 틈은 주지 않고 있다. 나는 끈덕지게 시간을 기다릴 수 있는 마음의 여유를 가지지 못한 사람이다.

연애에서도 나는 기다리지 못하는 사람이다. 전남편을 만나기 전 두 사람을 만나 보았다. 맏며느릿감이 아니어서 장남은 애초에 거절하는 사람이었다. 하지만 인상이 괜찮아 한번 만나보았다. 만난 지 1주일이 되어도 전화를 하지 않았다. 기다리다 지쳐 있었을 때 그에게서 전화가 왔다. 그때 내가 이렇게 말했다.

"됐습니다!" 그리고 전화를 뚝 끊었다. 그 정도로 나는 사랑에 목말라 하면서도 기다림은 나에게 고통이었다.

또 한 사람은 같은 은행에 다니는 은행원을 만났다. 장남이라는 말에 마음이 내키지 않았다. 키도 크고 얼굴도 잘생기고, 마음도 착했다. 그에게 책을 선물하기도 했다. 이외수 님의 『들개』, 이문열 님의 『젊은날의 초상』 책이었다. 이외수 님의 『들개』는 스릴이 있는 책이다. 그 사람도 재미있게 잘 읽었다고 말했다. 하지만 '장남은 내 사람이 아니다.'라는 생각이 자꾸 들었다. 자신을 잘 알기에 서서히 연락하지 않았다. 그 뒤 그 사람은 다른 분과 결혼을 했다.

고등학교 3년 동안 초등학교 친구를 짝사랑한 것도 가슴앓이는 했지만, 후회보다는 그런 감정을 가지게 해준 철수에게 오히려 감사하고 있다. 아픔이 있기에 내가 작가가 될 수 있었다. 사랑했던 운명 휘찬이를 아직도 페이스북을 훔쳐보는 것도 사랑의 아픔을 갖고 있기 때문이다. 그와의 아름다운 추억을 마음속 깊이 간직하고 있다.

여동생은 남편과 10년 동안 중국에서 살았다. 지금은 아들이 대학생이 되어 한국에 아들과 동생만 들어와 산 지 3년이 되었다. 양 서방은 설날과 추석에 1년에 두 번 한국에 들어온다. 지금은 베트남으로 발령이 나서 사장 직무를 맡고 있다. 말없이 일만 하는 양 서방에게 베트남에 회사를 맡긴 것이다.

여동생은 투자실패로 3억 원의 빚을 떠안게 되었다.

내가 59년을 살면서 깨달은 미래를 결정짓는 말 한마디가 있다.

"세상에는 공짜 돈이 없다!"

여동생은 남편과 아들을 데리고 중국행을 택했다. 10년 동안 일해 3억 원이라는 빚을 다 갚고, 이제는 빚으로부터 해방되었다. 8남매 중 가장 힘들게 살았던 동생이 서울 아파트로 입성했다. 인생 역전을 한 것이다. 지금이 동생의 인생 중에 가장 행복한 때가 아닌가 생각한다. 아들도 연세대 화학과 2학년이다. 학점도 상위권이다. 아들도 잘 키워 이제는 걱정거리가 사라져 꽃길만 걷게 되었다.

여동생은 결혼하고 단 한 번도 직장생활을 하지 않았다. 그래서 내가 사업에 성공하면 내일을 도와주겠다고 자처하고 있다. 매일매일 내 일이 성공하기를 기도하고 있다.

여동생이 잘하는 것은 집 청소와 정리 정돈이다. 하루에 몇 번씩 쓸고 닦는 결벽증에 가깝다. 그래서 항상 동생이 부럽다. 동생은 요리도 잘한다. 하지만 몸이 약해 아들을 시험관 아이로 여러 번의 실패 끝에 낳아 몸이 매우 허약해졌다. 하루에 먹는 약은 엄청나다. 영양제를 비롯해 한 달에 30만 원가량 약값과 병원비가 들어간다.

동생은 내게 말한다. "언니가 부럽다."라고 맨날 일은 저지르지만 그래도 "평생 일하고 있는 언니가 부럽다."라고 말한다. 딸 다섯 중 나만 일하고 있어서 살림만 하는 자매 4명이 부럽다. '나는 언제쯤 남편이 벌어다 주는 돈으로 살아볼 수 있을까?'라는 생각을 했다.

이번에 선을 본 사람에게 만나자고 내가 먼저 말했다. 상대방이 만나자고 전화하기를 기다리다가는 내 풀에 꺾인다. 그래서 나는 기다리지 않고 내가 먼저 만나자고 말했다. 서울대 나온 남자가 말했다. "여자가 두 번이나 만나자고 먼저 말하는 사람이 어디에 있습니까?"라고 내 친구에게 말했다. 하지만 후회하지 않는다. 그래서 두 번을 만나지 않았는가? 대구분도 내가 만나자고 두 번이나 데이트 신청을 했다. 손도 내가 먼저 잡았다. 벤츠를 처음 탄 날 고마워서 악수하자고 했다. 두 번째 날은 함께 영화를 봐줘 고마워서 그의 손을 잡고 영화를 봤다. 이 사람이면 평생을 함께해도 되겠다고 생각했다. 하지만 한순간의 사랑은 신기루처럼 금방 내 앞에서 사라졌다.

홍 님과 인연이 되고 싶어 데이트 신청을 했다. 데이트는 참 즐거웠다. 하지만 내 마음처럼 그 사람은 마음을 내게 주지 않았다. 나는 누구를 그렇게 쉽게 좋아하는 사람이 아닌데도, 웃는 얼굴이 좋아서 그 사람에게 마음이 갔다. 하지만 사랑은 두 손이 마주쳐야 소리가 나는데, 혼자서 허공을 헤매고 그 누구도 내 손을 잡아 주지 않았다.

끝까지 내 마음을 표현했으니 더는 미련도, 후회도 하지 않는다. 최선을 다했으면 된 거다. 내 마음을 표현했으니 된 거다. 그 외에는 운명에 맡길 뿐이다.

창근은 달랐다. 항상 필요한 것이 무엇인지 물어보지 않아도 그냥 챙겨주었다. 항상 곁에 있어 주었고, 항상 맛있는 음식을 함께 먹고 싶어

했다. 그와 제주도 한번 여행을 가보지 않은 것이 후회스럽다. 맨날 돈 번다고 허덕거리며 살아온 18년이 무색할 뿐이다. 좀 더 행복한 시간을 보낼걸, 남들 다 가는 여수 밤바다도 보고 올 걸 하는 후회가 남는다.

창근은 하늘나라에서 나를 보고 뭘 생각하고 있을까?
"불쌍한 것!"이라고 말하고 있겠지?

창근이 중환자실에서 퇴원하고 술을 한 달 끊은 적이 있었다. 그때 부산 백양산에 놀러 가 내게 처음으로 가사를 만들어 노래를 불러 주었다.

"수빈이는 아름다운 여자예요! 수빈이는 착해요! 하지만 내게 자꾸 돈 달라고 해요!"

마음대로 가사를 만들어 노래를 불러주고, 뒤뚱거리는 포즈로 춤을 추었다. 같이 깔깔거리며 웃었다. 그의 그런 모습을 카메라에 담아두었다. 가끔 보고 싶을 때는 부산추모공원에 가서 그를 보고 온다. 내 평생 나를 가장 사랑해주고, 행복하게 해주었던 18년을 함께한 내 인생의 연인 이자, 내 인생의 은인이었다. 아직도 "수빈아!"라고 부르는 소리가 귓가에 들리는 듯하다.

"창근아! 고맙다! 당신이 있어 내가 58년을 살았네!" 내가 죽어도 잊지 못할 사람이다.

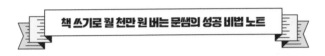

세상에는 공짜 돈이 없다

다시 태어난다면 한 가지 꼭 지켜야 할 것이 있다면 "세상에 공짜 돈이 없다."이다. 젊은이들이 이 책을 읽으면서 단 한 가지를 건질 수 있다면 그것은 단연코 이 말이다. 내 생애 통틀어 가장 중요한 말이 아닌가 생각한다. 세상에 공짜 돈이 없다는 것을 인식하면 내 몸으로 벌지 않은 돈에 욕심을 내지 않는다. 나는 양산 대방 7차 아파트 프리미엄 3,500만 원이 하늘에서 뚝 떨어져 통장에 입금이 되었는데도 1초도 되지 않아, 욕심 때문에 분양권 1개를 더 사들여 그 자리에서 오천만 원을 날린 사람이다. 욕심만 아니었다면, 딸 유나와 맛있는 것 먹고, 세계여행을 하고 있었을 것이다. 쉽게 돈이 들어오니 눈에 보이는 것이 없었다. 하지만 부자의 그릇이 종지만 한 크기인 나였기에, 하늘에서 돈을 때려 부어도 나는 그 돈들을 쓸어 담지 못했다. 부자의 그릇이 준비되어 있지 않으면 아무리 많은 돈이 나를 스쳐 지나가도 그 돈을 내 것으로 만들 수 없다. 나는 욕심과 기다림, 시간을 인내하지 못해 돈을 벌 기회를 많이 놓쳤다. 돈이 내 눈앞에 있어도 총알이 없어 돈을 벌 수도, 돈이 하늘에서 쏟아져 내려도 돈 그릇에 그것을 주워 담지도 못했다. 세상에는 공짜 돈이 없다는 것을 명심하라! 부자가 되려면 부자의 그릇부터 키워야 부자가 될 수 있다.

03
부자들만 아는 행복한 습관

"우정을 함께 나누고 함께 공유함으로써 성공을 더 빛나게 하고, 고난은 더 가볍게 덜어준다."

_ 키케로

내 인생은 내가 결정한다

지금껏 살면서 남에게 중요한 선택에 관해 물어보지 않았다. 인생의 결정은 내가 했다. 남편과 이혼도 내가 결정했고, 은행을 퇴사하는 것도 남편에게 물어보지 않았다. 심지어 8남매 에게도 물어보지 않고, 노조위원장이 시외까지 찾아와 명예퇴직을 권했던 날 그날 바로 퇴직서를 써주었다.

결혼도 3번 만나고 한 달 만에 결혼했다. 첫 만남에서 그는 카키색 바바리코트를 입고 내 앞을 지나가고 있었다. 왠지 그 사람일 것 같았다. 어두컴컴한 카페에서 그를 처음 만났다. 얘기를 나누면서 성냥으로 탑을 쌓던 그의 모습이 떠오른다. 그때 주윤발의 〈영웅본색〉 영화가 유명했다. 성냥은 우리에게 친숙한 물건이었다. 순박한 그가 좋았다. 손가락이 하얗고 아주 길었다. 키가 180m가 넘어 훤칠했다. 처음 만났지만 불편하지 않았다.

결혼 전에 은행으로 편지를 자주 보내 주었다. 필체가 멋지고, 아름다운 내용을 담아 편지를 보내 주었다. 얼마 전 딸의 결혼식을 앞두고 이사를 했다. 그때 그가 보낸 프러포즈 편지를 25년 만에 봉투가 뜯기지 않은 편지를 읽었다. 저절로 눈물이 주르륵 흘렀다. 그의 사랑이 느껴졌다.

이혼하고 25년 동안 한 번도 남편을 만나보지 못했다. 남편은 딸에게 전화 한 번 하지 않았다. 착하고 순박한 사람이라고 생각했지만, 그는 모질고 냉정한 사람이었다. 그때 만난 여교사와 잘살아가고 있다. 여자는 고등학교 교장이 되어 있었다.

아직도 그들이 행복한지는 나도 잘 모르겠다. 하지만 이혼하고 10년이 지난 뒤 남편의 양복을 버릴 만큼 남편에 대한 미워하는 감정은 하나도 없다. 25년이 지나 딸 결혼을 앞두고 그에게 전화했다. 37세에 이혼을 해

주었는데 그는 63세 할아버지가 되어 있었다. 목소리도 작고 어눌했다. 세월이 흘렀지만, 어제 만난 사람처럼 낯설지 않았다. 8년간 부부로 살았던 사람이라 그런가 보다 생각했다.

그렇다고 그와 다시 살고 싶은 생각은 없다. 그도 그럴 것이다. 내가 생각하듯 그렇게 마음이 따뜻한 아빠는 아니었다. 그냥 아빠일 뿐이다.

엄마는 남편과의 결혼을 반대했다. 왜 그렇게 반대했는지 모르겠다. 결혼식이 끝나고 마산문화원 돌담에 앉아 한참을 울고 있는 모습을 보았다. 3개월 뒤 엄마는 내 신혼집에도 한 번 못 와보고 간암 말기 선고를 받고 이 세상을 떠났다.

엄마의 죽음은 내 인생에 엄청난 충격을 주었다. 돌아가신 후 엄마의 후유증에 시달렸다. 밤마다 큰방 창문 밖에서 엄마가 "수빈아!" 하며 나를 부르는 소리가 들렸다. 그래서 한동안 잠을 이루지 못했다. 그때 전남편은 단 한 번도 불평하지 않았다. 나의 마음을 오히려 다독여 주었다. 그 뒤 절에 가서 천도 제를 지내드리고 난 뒤 엄마가 나를 찾는 일은 없었다.

오빠의 사업 실패로 은행을 입사하고 나와 엄마는 몇 년 동안 오빠의 빚을 갚아야 했다. 결혼하기 전 26세까지 빚을 갚느라 결혼할 때는 천만 원을 대출받아 결혼했다. 6개월 뒤 남편이 적금을 타서 천만 원을 갚아주었다. 전남편을 미워하지 않고, 원망하지 않는 이유는 여기에 있다. 그는 따뜻한 마음의 소유자였다. 우리는 8년 동안 단 한 번도 부부싸움을 한 적이 없다. "사랑하지 않아서 이혼하는 것은 아니다."라고 그가 말했다.

"같이 살고 싶은 사람이 있다."라며 이혼을 해 달라고 해서 이혼을 해준 것뿐이다. 그는 25년을 살면서 행복했을까? 그가 죽을 때 단 한 번이라도 나와 유나를 생각할까? 그것이 궁금할 뿐이다.

내게도 운명은 있었다

고휘찬을 만나면 하늘을 나는 기분으로 살아봤다. 회사 부장님의 성도 고 씨다. 직장생활을 하면서 고씨 성을 가진 사람을 만나면 휘찬이가 먼저 생각이 났다. 일하면서도 고씨 성을 가진 고객님을 만나면 왠지 친근하고 잘해드리고 싶은 마음이 일어난다. 그에게 최선을 다하지 못한 죄책감과 미안함 때문일 것이다. 그를 아는 회사 동료와 라운딩을 함께한 적이 있다. 자신이 "전국 자동차 판매왕으로 1년에 3,000대를 판매한다."라고 했다. 평범해 보이는 사람이 비범한 사람이었다.

그의 집과 누나 집에 놀러 가기도 했다. 10남매는 우애가 좋았다. 그의 엄마는 평생 한복을 곱게 입으셨다. 단아하고 고운 분이셨다. 하지만 그와의 인연을 독하게 끊어냈다. 내 결혼식 전날 차마 내가 그가 보낸 편지들을 불태우지 못해 남동생에게 태워 달라고 부탁을 했다. 다 태우지 못한 일기장들은 도로공사를 하는 공사장에 깊이 묻었다.

그를 만나면 항상 물었다.

"나는 너를 만나면 하늘을 날고 있는 기분이야! 너는 어때?"

"응. 나도 그래."

우리는 만나 다툰 적이 없다. 가끔 내가 소식 없이 잠수를 타서 그를 아프게 했다. 나는 가난이 싫었다. 그와 결혼하면 또 가난하게 살 것으로 생각했다. 그는 단 한 번도 나를 원망하지 않았다. 지금은 현모양처를 만나 두 아들과 행복하게 살아가고 있다. 나와 결혼했다면 불행했을지도 모른다. 나와 헤어진 것이 천만다행이다.

큰언니는 나를 보고 한심하다고 생각한다. "야무지지 못하고, 제대로 하는 것이 없는 나를 보고 항상 우물가에 둔 어린아이 같다."라고 말한다. 언니가 충고해도 듣지 않으니 이제는 충고도 하지 않는다. 딸을 결혼 시키고 난 뒤 이제 내가 결혼을 하겠다고 했다. 요리도 못하는 사람이 결혼한다며 이해할 수 없다고 말했다. 하지만 부족한 대로 내 인생을 한번 살아보고 싶다.

때가 되면 내 마음이 내게 말을 한다. "결혼하라고!" 뭐가 정답인지는 모른다. 하지만 내 인생은 내 인생일 뿐 누가 어떻게 살라고 말할 권리는 없다. 내 인생은 내가 살아가야 할 숙제다. 그 누구도 내 인생을 대신 살아줄 수도 없다. 내 인생은 오직 나만 살 수 있다. 내 인생이기 때문이다. 그래서 나는 내 문제를 남에게 묻지 않는다. 내 인생은, 내 길은 내가 만들어 가야 한다. 무엇이든 내가 결정할 문제다. 불행도, 행복도 모두 내가 선택한 결과다.

부자들만 아는 행복한 습관은 아침에 출근하기 전 1시간, 도서관에 가서 책을 읽고 출근을 한다는 것이다. 책을 통해 최상의 컨디션을 장착하고 하루를 열어간다. 도서관의 입장표 한 장이 나를 월 천만 원을 벌게 할 아이디어가 떠오르게 만드는 반딧불 같은 것이다.

책 쓰기로 월 천만 원 버는 문쌤의 성공 비법 노트

남에게 내 인생을 물어보지 않는다

나는 은행을 퇴사할 때도, 이혼할 때도 남에게 내 인생을 물어보지 않았다. 내 인생은 내가 결정할 일이지 남에게 물어볼 일이 아니라고 생각했다. 만약 이혼을 먼저 했더라면 은행을 그만두지는 않았을 것이다. 유나를 키워야 했기에 계속 은행원으로 살았을 것이다. 입행 동기인 정원이는 상무가 되었고, 검사부에 함께 근무한 순점이는 창원에 있는 지점의 지점장이 되었다. 본점에서 정원이와 차를 한잔 마셨다. 많은 직원을 거느리고, 가끔 이곳에 와서 골프를 치는 그녀를 보면서 내심 부럽기도 했다. 하지만 은행원 한길만 걷기에는 인생이 단조롭다. 내 안에 거인을 깨워, 자동차도 팔고, 상가도 분양하고, 컨트리 캐디로 15년도 살아보았다. 10가지의 직업을 가져 이 길도 가보고, 저 길도 가보았다. 많은 경험 들이 쌓여 어느덧 작가가 되어 여기에 서 있다. 10개의 직업 중 자신에게 맞는 옷을 입으면 되는 것이다. 내가 가장 심장 떨리는 일을 하라! 그리고 상대방도 심장이 뛰게 하는 일을 하라!

04

인정받고 싶어 오늘도 애쓰는 당신에게

"계획 없는 목표는 한낱 꿈에 불과하다."

_ 앙투안 드 생텍쥐페리

목표를 이루고 싶다면

진해 조선소 업무를 마치고 토요일 마산여상 야간 고등학교를 등교할 때의 일이다. 예쁘장하게 생긴 남학생이 나를 계속 쳐다봤다. 마산 가는 36번 버스 제일 뒷자리에 앉아 입을 벌리고 눈을 감고 있었다. 눈을 감아도 누군가가 나를 쳐다보고 있다는 것이 느껴졌다.

"어디 가는 길이에요?"라고 남학생이 물었다. 고등학교에 다니면서 초등학교 친구를 짝사랑한 것 외에 누가 나에게 관심이 있어 말을 건 적은 단 한 번도 없었다. 그것도 아주 피부가 하얗고, 옷을 멋지게 차려입은 남학생이 말이다.

"학교 가는 길이에요!"라고 말했다. 학교에 가까이 와서 버스를 내리자 남학생도 따라 내렸다. 비가 보슬보슬 내렸다. 그때 은행을 합격 하고 신입생연수를 기다리고 있는 때였다. 남학생은 동갑이지만 고등학교 2학년이라고 했다.

"내일 시간 있으면 오후 2시에 진해 탑산 밑 '목신의 오후'에서 차 한잔 합시다!"

라고 말했다. 나도 좋다고 했다. 그날 학교 수업을 어떻게 마쳤는지 들뜬 마음에 생각이 나지 않았다. 내일 남학생을 만날 생각뿐이었다.

전민호는 다음 날 하얀 셔츠에 청바지를 입고, 뚜벅뚜벅 도서관 옆에 서 있는 나에게로 걸어왔다. 그는 눈이 부셨다. 떨리는 마음으로 차를 마시고, 데이트하고 헤어졌다. 영자 친구 남동생을 통해 민호에게 줄 나의 손편지를 학교로 보내기도 했다. 하지만 답장은 없었다. 세월이 6년이 흘러 내가 결혼을 하고, 마산 중리지점에 근무하고 했을 때 그가 내 앞에 서 있었다. 대학을 졸업하고 중리 동사무소에 근무하고 있다고 했다. 은행에 볼일이 있어 방문했는데 단번에 그를 알아봤다.

중리 동사무소에 볼일이 있어 간 김에 얼굴을 한번 보려고 그를 찾았다. 그런데 직원이 내게 말했다.

"그분은 얼마 전에 하늘나라에 갔습니다."

말이 나오지 않았다. 직원의 말에 의하면 업무 과로로 사망했다고 한다. 그의 어머니 전화번호를 물어 위로의 인사를 했다. 결혼한 지 얼마 되지 않아 세상을 떠났다고 했다. 그도 불쌍하지만 그의 아내는 어떤 심정일까? 가슴이 미어지는 고통을 느꼈다. 단 한 번의 만남이었지만 이렇게 만나게 되었는데 밥 한 번 먹지 못하고 하늘로 가버렸다. 민호를 생각할 때 '백마를 탄 왕자 같다'고 생각했다.

인정받고 싶어 오늘도 애쓰는 당신에게 해주고 싶은 말이 있다.

인생은 그리 길지 않다

"인생은 그리 길지 않다. 그러니 지금, 당장, 내 심장이 떨리는 하고 싶은 일을 하라!"

삶이 힘들 때마다 엄마와 민호를 생각했다. 휴가를 내서 집에서 쉴 때도, 소파에 누워 TV를 볼 때도 죄짓는 기분이 들었다. 그래서 뭐든 배우려고 노력하고, 뭐든 하려고 노력한다. 내 인생은 엄마의 인생과 민호의 삶까지 함께 살고 있다. 그래서 좀 덜자고, 더 일을 열심히 하려고 노력하는 것이다.

사람은 누구나 혼자다. 결혼을 해도 한쪽 가슴이 시린 것은 매한가지다. 결혼해도, 남편이 있어도 외로운 것은 어쩔 수 없다. 인생은 혼자 살아내야 하기 때문이다. 우리 엄마 역시 16세에 아버지와 결혼해 8남매를 낳았지만 그렇게 행복한 삶은 아니라고 생각한다. 눈만 뜨면 돈 걱정, 가족들 식사 준비로 분주한 삶을 살아왔던 불쌍한 엄마의 인생이었다. 내가 결혼할 때까지 직장생활을 해서 단 한 번도 엄마의 인생을 살아보지 못했다.

오늘 문득 하늘나라에 있는 민호와 엄마 생각이 많이 난다. 엄마는 가정형편이 어려웠지만 동 사무소에 기초수급자 신청을 하지 않았다. 동사무소에서 집으로 전화가 와서 밀가루와 라면을 받아 가라고 했지만, 자식들의 기를 죽이고 싶지 않아 극구 사양했다.

8남매가 이렇게 근검절약하며 살아가는 이유는 엄마, 아버지의 성실성 때문이다. 엄마는 내가 결혼할 때까지 철공소에 쇠 녹을 닦는 일을 했고,

아버지는 엄마가 돌아가시고 86세까지 밭에 배추, 무, 대파, 정구지, 감자, 고구마를 심어 딸들에게 나눠주셨다. 된장, 고추장도 손수 담아서 주셨다. 아버지의 은혜는 아버지가 돌아가시고 난 뒤 더 절실하게 알게 되었다.

엄마는 막내를 낳지 않으려고 하셨다. 어려운 살림에 막내까지 생겨 계단이 10개가 넘는 높은 장독대에서 뛰어 내리 기도 하고, 10년도 넘은 아주 오래된 간장을 사발로 들이마시기도 했다. 하지만 생명력이 강해 잘 떨어지지 않았다. 막내는 딸 다섯 중에 가장 예쁜 아이로 태어났다. 지금도 가장 예쁘다.

막내 정빈이에게 정이 많이 갔다. 학교를 갔다 오면 "막내를 씻겨 없앤다."라는 말을 들을 만큼 매일 예쁘게 씻기고, 머리도 아카시아 나뭇잎 줄기로 파마를 수시로 해주었다. 지금은 40세 맏며느리로 두 아이의 엄마로, 부동산 투자가로 잘살아가고 있다.

일본 연수

은행을 다닐 때 10년 장기근속 직원들과 1주일 동안 일본 연수를 갔다. 마산 합성동 은행 본점에서 버스를 타고 김해공항까지 가는데, 그날따라 아침 출근길에 차가 막혀 그 버스를 타지 못했다. 그래서 곧장 김해공항으로 택시를 타고 가서 직원들과 합류할 수 있었다. 일본은 내 생각보다 그렇게 신세계는 아니었다. 아파트는 작은 평수로 다닥다닥 붙어있었다. 군데군데 보이는 절들은 아름답게 지어져 있었다. 밤 문화를 경험할 기회가 있었는데 남자 직원들과 함께 보기에는 민망할 지경이었다. 성문화가 개방적인 일본은 정말 나에게 큰 충격을 주었다.

일본에 있는 은행도 탐방하고, 맛있는 음식점에 가서 식사도 했다. 후지산도 등산하고, 하얀 연기를 내뿜으며 보글거리는 온천물에 삶긴 달걀도 사서 먹었다. 온천탕에 가서 목욕도 했다. 입사 동기 문정애와 일본에서 같은 방을 썼다. 호텔 침대에 누워 장난도 치고, 아름다운 네온사인 야경도 구경했다. 백화점에 가서 예쁜 그릇도 많이 샀다. 지금도 그 그릇을 가지고 있다. 그릇에 관심이 많은데 친구도 나와 취향이 비슷했다. 동기지만 10년 동안 은행 생활을 하면서 만난 적은 없다. 일본에 와서 그동안 있었던 은행 생활 에피소드를 쏟아내며 깔깔거리며 밤을 지새웠다.

남자 입행 동기 중에 정징하가 있다. 그는 귀엽고 잘생긴 남자였다. 나를 조금 좋아했다. 군에 입대할 때 가죽장갑을 사서 선물했다. 가족 문제로 은행을 그만두게 되었다. 그 뒤 소식을 들을 수 없었다. 우리가 벌써 1년 후면 60세가 된다. 길에서 만나도 서로를 알아보지 못할 것이다. '결혼도 했고, 아이들도 있겠지?' 한 번쯤 우연히 만나는 일이 있다면 차라도 한 잔 하고 싶은 친구다.

우리는 살면서 많은 경험을 하고 살아간다. 가족과 친구들로 인해 소중한 추억들을 만들어간다. 세월이 지나 59세가 되고 보니 언뜻언뜻 퍼즐 조각 같은 아름다운 추억들이 떠오른다. 사람은 추억을 곱씹으며 살아가는 것 같다. 지나간 날은 아름답고 미래는 그 누구도 장담할 수 없다. 유튜브를 통해 아픈 사람들을 보면서 건강의 소중함을 다시 한번 생각하게 된다. 오늘 목욕탕에서 미끄러져 머리를 벽에 부딪히고 엉덩방아를 심하게 찧었다. 머리를 만지면 통증이 심하다. 그래도 살아 있다는 것에 감사함을 느끼는 하루다.

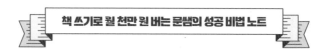

나는 아름다운 추억들이 재산이다

내게 아름다운 추억들이 있어 좋다. 긴 인연도, 짧은 인연도 있었다. 하지만 평생 인연을 만나지 못하는 사람들도 많다. 30년 동안 모태솔로로 살아가는 의사, 운동 선수, 박사들도 세상에는 많다. 그래도 짝사랑이지만 사랑하며 살아본 내가 더 대견하다. 누군가를 좋아한다는 것은 고통스럽지만, 나보다 상대방을 그리워하며 살아본 사람만이 사랑의 고통을 알기 때문이다. 그러기에 귀한 인연을 만났을 때 더 절절히 사랑할 수 있는 것이다. 인생에 정답이 있을까? 인생에는 정답이 없다. 그 해답을 찾기 위해, 알기 위해 이 세상에 태어난 것이다. 우리가 태어난 이유는 우리가 이곳을 선택했기 때문일 지도 모른다.

05
꽈배기처럼 꼬인 인생, 그것이 축복이었네!

"누구나 매일 최소한 한 번은 감미로운 음악을 듣고, 아름다운 시를 읽고,

훌륭한 그림을 감상하며, 한 마디라도 좋은 말을 해야 한다."

_ 요한 볼프강 폰 괴테

내 삶을 충만하게

이틀 동안 전남편이 꿈속에 나왔다. 1년에 한 번쯤 보일 정도였는데 왜 이런지 모르겠다. 어쩌면 내 운명을 바꾼 건 전남편일지 모른다. 처음 내 인생이 꼬이기 시작한 것은, 고등학교를 입학할 때였다. 그때 오빠가 가난한 집안을 일으켜 세워보려고 시멘트로 벽돌을 만드는 사업을 했다. 처음 사업을 해 보는 것이라 잘될 수도 없었고, 얼마 되지 않아 많은 빚을 안고 사업을 접어야 했다.

엄마의 바쁜 발걸음

8남매를 키우기에는 가정형편이 너무 어려웠다. 초등학교 때부터 엄마는 새벽마다 옆집에 학용품비, 육성회비를 빌리러 다니셨다. 초등학교, 중학교에 다닐 때는 육성회비 납부일을 맞추지 못해 매일 선생님께 불려 가야만 했다. 8남매가 모두 그러했는데 가족들은 아무런 내색도 하지 않았다. 그냥 마음으로 모든 것을 삼켰다.

엄마 김수희가 55세에 간암 말기로 돌아가신 이유는 모두 돈 때문이다. 평생을 시집와서 8남매를 키우는 걱정으로 사셨기 때문이다. 우리가 악착같이 살아가는 이유도 어린 시절 가난의 고통 때문이다. 그것이 우리를 강인한 사람으로 만들었다. 인내하게 했고, 도전하게 했다.

오빠의 사업 실패로 나와 여동생이 야간 고등학교에 다니면서 회사에 다녔다. 나는 작은언니와 같은 학교에 다녔지만, 내가 공부하고 있는 교실에 3년 동안 단 한 번도 찾아온 적은 없다. 언니는 반장으로 미술 사생부에 있었다. 언니와 목소리가 닮아 선생님들은 단번에 언니의 동생임을 알았다. 나도 열심히 공부해 고등학교 3학년 때에는 반장으로 졸업했다.

첫 번째 불행의 옷을 입은 행운은 오빠의 사업 실패였다. 하지만 단 한 번도 오빠를 원망해 본 적은 없다. 그것이 은행 15년을 다닐 수 있게 한 행운의 열쇠였다. 그로 인해 내 인생의 첫 번째 멘토 송국헌 감사님을 만나게 되었고, 고등학교 국어 교사를 만나 결혼을 하고 딸을 낳았다.

두 번째 인생이 꼬이기 시작한 것은 은행을 명예퇴직한 순간부터였다. 남편에게 의논도 하지 않고, 그날 시외까지 찾아온 노조위원장의 명예퇴직 권유를 받아들이고 1억 원을 받고 사직서를 냈다. 은행을 위한다는 마음으로 퇴직금 1억 원과 아파트를 담보로 은행 주식을 샀다. 18,000원 하던 주식은 IMF라는 경제공황 쓰나미로 나를 끝없이 추락하게 했다. 하지만 한 번도 후회한 적은 없다. 15년간 나를 돈 벌게 해준 고마운 직장이기 때문이다.

얼마 후 남편의 귀가가 늦어지기 시작했다. 딸과 나는 아파트 베란다에 매달려 남편이 귀가하기를 목이 빠지게 기다렸다. 그 후 6개월 뒤 남편의 요구로 합의이혼 했다. 은행을 퇴사하기 전 남편과 먼저 이혼했더라면 은행을 퇴사하지 않았을 것이다. 딸과 함께 살아야 함으로 끝까지 은행에 살아남았을 것이다. 입행 동기 중 유일하게 남은 친구 정원은 상무로 일하고 있다. 함께 검사부에서 일한 박순점 동생은 창원에서 지점장으로 근무하고 있다. 그때 당시 나는 대리 시험을 친 상태였다. 불운은 항상 동시에 찾아오듯이 한 달만 쓰겠다고 천만 원을 빌려 간 김대리에게 천만 원을 받지 못했다. 그 후 3년 뒤 보험으로 억대 연봉자가 되어 천만 원을 돌려받았다. 나에게 미안하다는 사과 한마디 듣지 못했다.

인생의 고통은 신이 내린 축복이다

이혼과 주식투자 실패로 내 인생은 엄청나게 꼬여갔다. 하루에 수백 번 죽음을 생각하며 죽으려 했었다. 매일 매일 나를 죽였다. "딸에게 같이 죽자."라고 했다. 그때는 아무런 희망도, 아무런 미래도 내게는 없었다.

남편과의 이혼과 주식투자 실패는 나를 죽음에까지 몰아넣었다. 이혼 후 6개월 동안 매일 수면제를 먹어도 시곗바늘 소리만 똑딱일 뿐 잠은 오지 않았다. 다크서클은 눈 밑으로 내려오고, 온 얼굴은 홍역처럼 빨간 점 투성이였다. 가슴팍은 바늘로 꼭꼭 찌르는 심한 고통을 느꼈다.

꽈배기처럼 꼬인 내 인생이 축복이었다는 것을
25년이 지나 알게 되었다

죽는 것도 내 마음대로 되지 않아 다시 살아보기로 했다. 맨 먼저 한 것이 쌍용자동차 영업이었다. 평생을 살면서 영업 한 번 해 본 적이 없는 나는, 첫 달에 무쏘 두 대를 출고해 100만 원의 영업 수당을 받았다. 그 뒤 3년 동안 아침 8시에 출근해 밤 12시 까지 마산, 창원, 울산, 양산, 부산에 있는 기업체 사장님께 시승차를 타고 가 시승을 해 드렸다.

영업에 자신감이 최고조에 달했을 때 쌍용차를 퇴사하고, 양산 신도시 상가 분양 시장에 뛰어들었다. 그때 노무현 대통령 꿈을 꾼 날, 1층 상가를 통으로 전부 계약했다. 그때는 급여를 받고 일을 하고 있었다. 격려금으로 150만 원을 받았다. 그 뒤 상가 분양 수수료를 받는 직장으로 옮겼다. 내 발로 뛰고, 내가 일한 만큼 돈을 버는 일이라 더 신이 났다.

어느 날 꿈을 꾸었다. 하늘에 보라색 채소 가지 5개가 매달려 있었다. 그 뒤 온통 보석으로 지은 집을 보았다. 물을 마시는 컵 속에 구더기가 꿈틀거리는 꿈, 산소 옆에 굵고 큰 구더기들이 들끓는 꿈, 파란 바다 꿈, 창문으로 폭우가 몰아치는 꿈 등을 꾼 뒤 차 부사장님을 오전 6시 부산 해운대 오피스텔 분양 시장에서 만났다. 아파트 분양 시장이 열리는 진해, 창원, 부산, 마산, 김해 그 어디든 새벽 6시에 분양 시장에 찾아가 끝도 보이지 않게 줄을 서 있는 인파 속에 부산 덕천동 뉴코아 상가 팸플릿에 내 명함을 붙여 모든 사람에게 일일이 전달했다. 누군가 뒤에서 나를 불렀다.

"문수빈 씨! 내일 새벽 6시에 오피스텔 분양계약을 할 건데 줄 좀 서 줄 수 있어요?"

라고 부탁하셨다. 오피스텔 계약을 마치고 부산 덕천동 뉴코아 커피숍 18억 원을 아들에게 주기 위해 계약했다. 뒤에 부사장님 회사에 화분과 떡 3박스를 가지고 찾아갔다. 사모님과 함께 식사도 하고 백화점에 가서 가죽 손가방을 사드렸다. 그 가방끈이 다 해질 때까지 쓰셨다고 말씀하셨다.

이혼과 주식투자 실패로 나는 엄청난 행운을 거머쥐었다. 내가 이혼하지 않았다면, 내가 주식투자로 실패하지 않았다면 나는 은행원에서 안주하며, 별다른 도전 없이 정년퇴임해 온실 속 화초처럼 살았을 것이다. 내 안에 있는 영업력을 꺼내 쓰지 못했을 것이다. 그것이 발판이 되어 골프를 배우게 되었다.

70세 철학관 할아버지의 말이 맞았다. 3년 전 교통사고로 나는 이 세상을 떠났을 것이다. 그때가 내 나이 55세였다. 죽음의 끝까지 갔다가 다시 돌아와 덤으로 사는 내 삶을 100억 원에 비할 수 있겠는가?

죽음을 뛰어넘고 미다스북스와 함께하신 명상완 실장님을 만나 『나의 행복을 절대 남에게 맡기지 마라』, 『금은보화 금고 열쇠』 두 권의 책을 출간하고 책 쓰기 코치와 1인 창업 코치로 살아가고 있다. 나처럼 어려운 환경과 역경을 이겨낸 문주용, 노애정, 김태환, 최이정님을 작가로 만들어 제2의 인생을 펼쳐나가고 있다. 나로 인해 인생을 바꾸었듯이, 그들도 많은 젊은이의 인생을 바꿔주길 진심으로 바란다. 한 사람의 운명을 바꿨다면 그것이 기적이 아니고 무엇이겠는가?

책만 읽던 독자가 작가가 된 것은 신분이 한 단계 상승한 것이다. 그때부터 운명은 무서운 해일처럼 걷잡을 수 없이 상승곡선을 타기 시작한다.

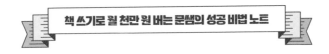

책 쓰기로 월 천만 원 버는 문쌤의 성공 비법 노트

나는 오빠의 사업 실패로 운명을 바꿨다

나는 오빠의 사업 실패로 운명을 바꾼 사람이다. 이혼과 주식투자 실패로 새로 태어난 사람이다. 삶의 고통이 단순한 고통인 줄로만 알았다. 하지만 59세가 된 지금, 그 모든 고통은 하나님이 나를 크게 쓰시기 위한 담금질의 시간이었다는 것을 알게 되었다. 고통으로 단단한 사람으로 만들어, 더 힘겹고 어려운 사람들의 삶을 바꾸어 주는 일을 하라는, 하나님이 나를 교통사고에서 살리신 사명을 알게 되었다. 죽음의 끝에 서 있었을 때 나의 손을 잡아 주신 하나님의 뜻을 깨닫게 되었다. 온전히 실패한 자만이 성공의 문을 열 수 있고, 다시 일어나 새로운 세상을 만들 수 있다는 진리를 알게 되었다. 나는 하나님의 도구로 살아가고 있다.

06
만일 내가 인생을 다시 산다면

"당신이 태어났을 때 당신은 울고, 세상은 기뻐했다. 당신이 죽을 때는 세상은 울고, 당신은 웃을 수 있는 삶을 살아야 한다."

_ 화이트 엘크

나는 세상에 무엇을 남길 것인가?

아직 내가 원하는 삶을 살아보지 못했다. 많은 돈을 벌어 딸과 8남매 가족들과 세계 일주를 하며 살아가는 것이 나의 마지막 소망이다. 그리고 미국에서도 살아보는 것이 내 마지막 바램이다. 딸에게 많은 정신적 고통과 경제적 어려움을 겪게 하고, 어린 시절을 외롭게 보내게 했기에 항상 마음 한쪽에는 딸에게 많은 빚을 지고 있는 기분이다.

딸은 작년 10월 28일 대학교에서 만난 이 서방과 10년의 교제 끝에 결혼했다. 딸의 결혼식 날은 눈이 부셨다. 8남매 가족들, 포항 형부, 베트남에서 양 서방이 비행기를 타고 한국에 와주었다. 딸의 지인들, 이 서방의 시부모님과 친지들을 모시고 소박한 야외결혼식을 했다.

딸과 이 서방은 하늘에서 내려온 선남, 선녀 같았다. 특히 딸은 천사처럼 아름다웠다. 너무 아름다워 눈을 뜨고 바라볼 수 없을 지경이었다. 신부메이크업을 하는 청담동숍은 인산인해를 이루었다. 하루 결혼하는 사람이 족히 10쌍은 되어 보였다. 그 속에서 내 딸을 알아보지 못하고 지나치기도 했다. 뷰티숍은 하나의 기업체였다. 헤어 담당, 메이크업 담당으로 구분되어 올림머리를 하고 메이크업을 밑 화장, 섀도우 눈화장, 눈썹 등 분담해서 전문가들이 일사천리로 진행되었다.

내 딸이 잘살았으면 좋겠다. 엄마로 인해 고통 속에서 산 시간이 25년이 훌쩍 넘었다. 딸은 올해 33세가 된다. 내 인생이 순탄했다고 생각하지 않는다. 단지 소망이 있다면 딸이 직장생활을 하지 않고 자신이 하고 싶은 일을 하며 살아가기를 바란다. 이것이 내가 꼭 성공하고자 하는 이유다.

내 딸은 떠오르는 해라고 생각한다. 딸의 경험과 지혜로 많은 젊은이의 인생을 바꾸는 삶을 살았으면 좋겠다. 딸은 영어를 잘한다. 지금은 강남에 있는 호텔에서 호텔리어로 일하고 있다. 딸이 잘 할 수 있는 것, 잘하는 것, 잘 알고 있는 것 등 딸이 가진 지식과 지혜를 판매하는 1인 창업가로 살아가기를 간절히 바란다.

빨리 성공해서 딸에게 빚진 지난 25년의 가난의 고통의 대가를 지불하고 싶다. 딸은 말없이 가난의 시련을 참아주었다. 말없이 고통스러운 시간 들을 인내해주었다. 그리고 행복한 미래를 함께할 이 서방을 만나 꿈에 그리던 결혼생활을 하고 있다. 시부모님은 20세 때부터 딸을 예뻐해주셨다. 대학 4년 동안 딸을 챙겨주셨고, 밑반찬을 만들어 냉장고를 채워주셨다. 딸이 미국으로 떠나기 전 고기와 나물, 잡채 등 맛있는 음식을 대접해 주시기도 했다.

이 서방은 딸이 미국에 있는 동안 편지를 자주 보냈다. 외롭지 않게 큰 4절지에 예쁜 그림을 넣어 생활계획표를 만들어 주기도 하고, 빨간 목도리를 직접 떠서 선물로 보내기도 했다. 서울에서 직장생활을 할 때도 오피스텔에 새벽 4시에 바퀴벌레가 나타나면, 이 서방을 불러 벌레를 잡아달라고 말하면 곧장 달려와 잡아 주고 갔다. 마음 따뜻한 남편을 만나 정말 천운이다. 나로 인해 고통의 찌꺼기를 모두 버리고 마음 따뜻한 이 서방과 꿈같은 행복한 인생을 만끽했으면 한다.

딸은 내성적이고 소심하지만, 이 서방은 그 모든 것을 10년 동안 이해하고 사랑하는 마음으로 감싸주었다. 이런 것이 하늘이 맺어준 부부의 인연이 아닌가 생각한다.

아빠와 7세에 헤어져 혼자서 외롭게 자랐지만, 예쁘고 착하게 열심히 공부하는 학생으로 커 준 것이 대견하고 고맙다. 초등학교, 중학교, 고등학교, 대학교 때까지 엄마로서 제대로 챙겨준 것이 없어 미안하기만 하다.

한 번뿐인 인생 심장 떨리는 삶을 살아가라

나의 손자, 손녀들은 내가 살아온 가난의 고리를 끊고, 돈 걱정 없이 인생을 살았으면 한다. 부족하지만 엄마로서 그 틀을 만들어 딸에게 지혜를 나누고, 딸도 자식들에게 삶의 지혜를 가르쳐 김수희 엄마처럼 돈 걱정만 하다가 삶을 마감하는 어이없는 인생을 살지 않았으면 한다.

사람은 욕망과 야망이 있어야 자신의 삶을 바꾸고자 발버둥을 치게 된다. 삶의 목표와 방향이 없다면 인생이 나아질 수 없고, 부모가 살아왔던 인생을 똑같이 답습하게 된다. 내 딸은 엄마의 인생 실패와 과오를 따라가지 않고 꽃길만 걸어가길 바란다.

진해에서 태어나 26년을 아름다운 진해에서 살았다. 봄이 오고 벚꽃이 피는 4월에는 어김없이 진해는 천국이 된다. 마진 굴 쪽으로 버스가 지나갈 때면 나는 천사가 된다. 벗꽃들이 바람이 불 때마다 온 세상을 꽃가루로 천국을 만들었다. 항상 이곳에 있었고, 이곳이 천국이라고 생각했다. 핑크 스웨터를 입고 잔잔한 꽃들이 수놓아져 있는 곤 색 치마를 자주 입었다. 그때는 내가 벗꽃인지 분간이 되지 않을 정도로 사랑스러웠다. 가끔 앨범을 꺼내 가장 화려했던 내 젊은 날의 초상들을 들춰보기도 한다.

59세가 되어 내 인생을 돌아볼 때 그래도 나는 쉬지 않고, 딸을 낳기 1주일 전에 모유 수유를 위해 2개월을 산후휴가를 낸 것 외에 39년을 직장생활하고 있다. 사람은 일하며 자신의 꿈을 이루어간다. 자신이 꿈꾸는 야망을 위해 하나하나 만들어 가는 것이 얼마나 심장 떨리는 일인지 모른다. 딸은 내 책과 유튜브 영상을 단 한 번도 본 적이 없다. 내성적인 성격이라 유튜브에 엄마의 영상이 나온다는 것을 엄청 쑥스럽게 생각한다. 그만큼 자신을 세상에 드러내는 것을 두려워한다.

인생이 바뀌려면 그동안 자신이 살아온 지혜, 경험, 지식, 깨달음, 실패 등을 책에 담아 자신을 브랜딩하고, 경험한 지혜와 깨달음을 판매하는 1인 창업가의 삶을 살지 않고는 평범한 삶에서 벗어날 수 없다. 내가 만난 많은 사람들은 말한다.

"열심히 살지 않아서 책에 쓸 내용이 없어요."

"글을 잘 못 씁니다. 어떻게 책을 쓸 수 있겠어요?"

해 보지도 않고 할 수 없다고 말한다. 처음부터 잘하는 사람이 있겠는가? 카톡에 문자를 보낼 수 있다면, 하루를 살고 일기장에 자기 생각을 한 줄 적을 수 있다면 누구나 작가가 될 수 있다. 우리는 자신의 책을 써서 내가 가지고 있는 달란트, 지혜를 판매하는 1인 창업가가 되어야 이 지긋지긋한 가난의 굴레에서 벗어날 수 있다.

"자기 계발의 끝판왕은 책 쓰기다!"

"나도 했다면 당신도 할 수 있다!"

"당신의 책을 쓰라! 그래야 운명이 바뀐다!"

당신의 책을 쓰고 싶다면 010-5019-3548로 전화하기 바란다. 당신이 상상할 수도 없는 미래가 당신 앞에 펼쳐질 것이다.

만일 내가 인생을 다시 산다면, 고등학교를 졸업하고 바로 미국으로 떠날 것이다.

책 쓰기로 월 천만 원 버는 문쌤의 성공 비법 노트

욕망을 가져라! 그래야 성장한다!

나는 사람들에게 욕망을 가지라고 말한다. 욕망을 가져야 자신의 인생을 바꾸려고 노력한다. 아무런 욕심도, 욕망도 없는 사람은 꿈도 없다. 욕망이 있어야 심장이 타오르고, 그것이 화로가 되어 꿈을 이룰 때까지 활활 타오를 수 있는 것이다. 욕망이 없는 자는 아무것도 이룰 수 없다. 가난이 축복인 이유가 여기에 있다. 가난하게 태어난 자는 축복이 있어라! 거기에 해답이 있다. 큰 꿈을 꾸는 자만이 세상을 다 가진다는 사실을 한시도 잊어서는 안 된다.

명확한 목표를 가져라

얼마 전 TV 방송 다큐멘터리를 통해 중국에 사는 55세 두 남자를 알게 되었다. 한 사람은 석탄을 캐는 광부로 40세에 폭파사고로 두 눈을 잃었고, 또 한 사람은 전기 감전 사고로 두 팔을 잃었다. 두 사람은 거의 같은 시기에 인생의 좌절을 겪고 생을 마감하려 했었다. 하지만 부양할 가족이 있기에 마음을 다잡고 고향에 내려와 살아가기로 했다. 두 사람은 고향에서 다시 만나 자신이 할 수 있는 것이 무엇인지를 생각해 보았다. 고민 끝에 내린 결론은 고향에 나무를 심어 푸르게 하는 것이었다. 처음 묘목을 800그루를 심었다. 하지만 나무로 살아남은 것은 단 두 그루였다. 처음에는 상심이 엄청나게 컸지만, 매일 나무를 시간이 날 때마다 서로의 눈이 되어주고, 팔이 되어 15년이 지난 지금은 제법 고향이 푸르름으로 가득 찼다. 두 사람이 해낸 것이다. 이때 북받치는 감동으로 많이 울었다.

이 두 사람은 또 다른 꿈이 생겼다. 마을뿐만이 아니라, 이제는 산 정상까지 나무를 심고 싶은 욕망이 생겼다. 그 목표를 도와주기 위해 자선 단체에서 산 꼭대기까지 찾아와 물탱크를 만들 위치와 길을 만드는 데 필요한 것들을 의논하고 갔다. 두 사람은 오늘도 신명이 나서 두 팔이 없는 사람은 자신의 어깨를 내주어 목마에 태우고, 앞을 보지 못하는 사람은 높은 나뭇가지 위에 올라가 가지를 꺾어, 접붙이기하여 묘목을 심고 물을 듬뿍 주었다. 물이 지나가는 도랑을 만들면서 서로를 바라보며 환하게 웃는 모습이, 아름다운 한 폭의 명화을 보는듯하다. 눈을 잃은 남자의 아내는 꼬치를 팔아 자식들을 공부시키고 결혼을 시켰다. 하루 꼬치의 매상은 오천 원 정도니 삶이 얼마나 힘들었을까?

오늘도 나무를 심고 집에 돌아와, 국수를 끓여 먹는 두 사람의 모습을 보면서 눈물이 자꾸 흘렀다. 앞이 보이지 않아 국수를 바닥에 줄줄 흘리는 것을 보고, 두 발가락에 젓가락을 꽂아 국수를 그릇에 떠서 담아주는 모습을 보면서 진한 감동을 느꼈다. 두 눈이 없어도, 두 팔이 없어도 서로 눈과 손이 되어 함께 살아가고 있는데, 두 눈과 두 팔이 멀쩡한 우리가 과연 못 할 것이 뭐가 있겠는가?

건강한 정신과 건강한 몸만 있다면 그 무엇도 두려 울 것이 없다. 명확한 목표만 있다면 그 목표를 향해, 죽을힘을 다해 나아간다면 못 이룰 꿈이 어디에 있겠는가? 두 사람을 보면서 다시 한번 남은 20년의 목표를 재정비하게 되었다. 우리는 건강한 몸과 가족이 있음에 감사하며 살 줄 알아야 한다. 아직 이뤄야 할 명확한 목표가 있다는 것은 살아 있다는 증거다.

"젊은이여! 큰 꿈을 꿔라! 그래야 크게 이룬다!"

내 인생을 바꿔주신 은인, 미다스북스와 함께하신 명상완 실장님께 이 책을 바칩니다.

2024년 벚꽃 피는 3월에

문수빈 드림